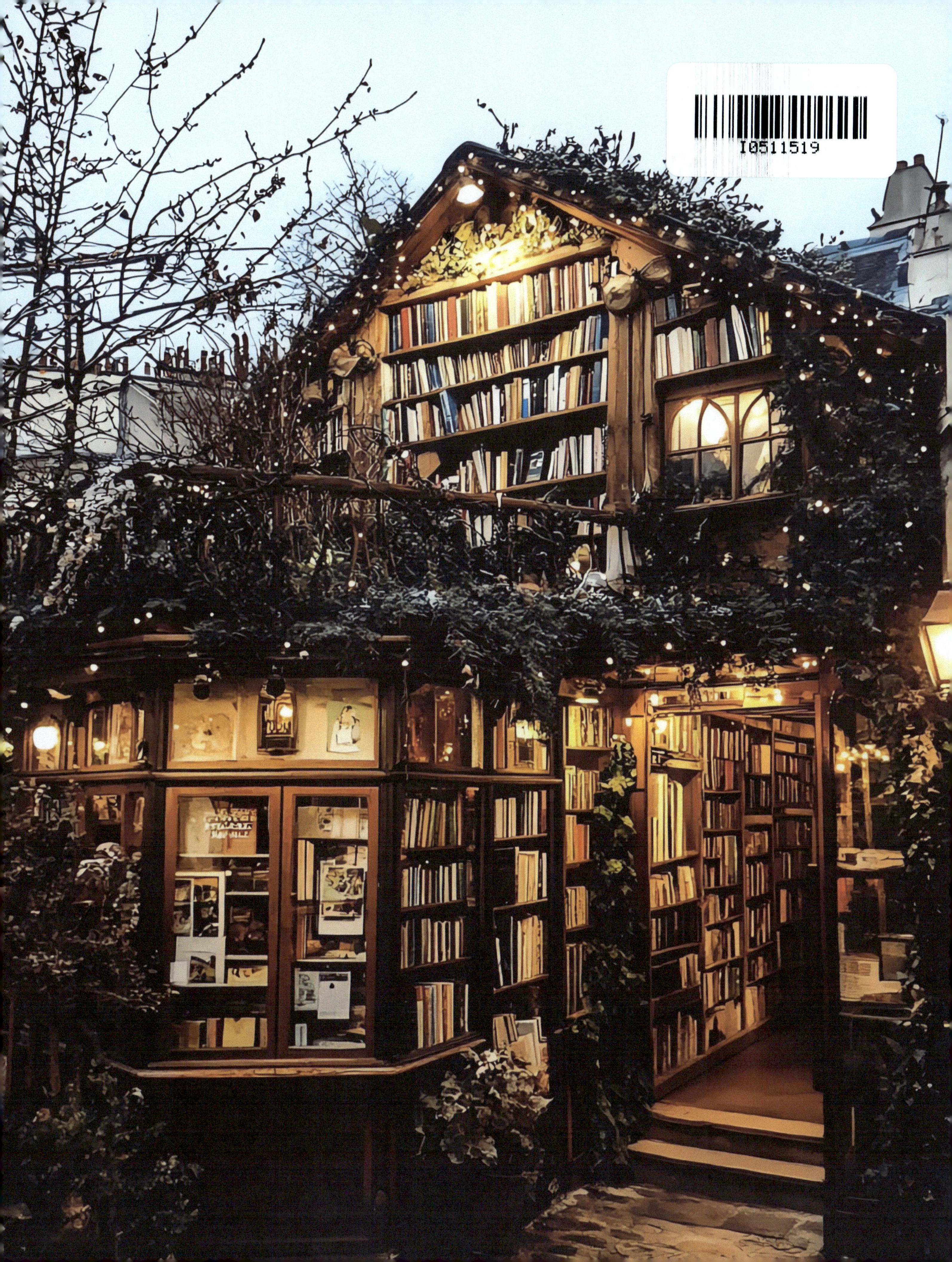

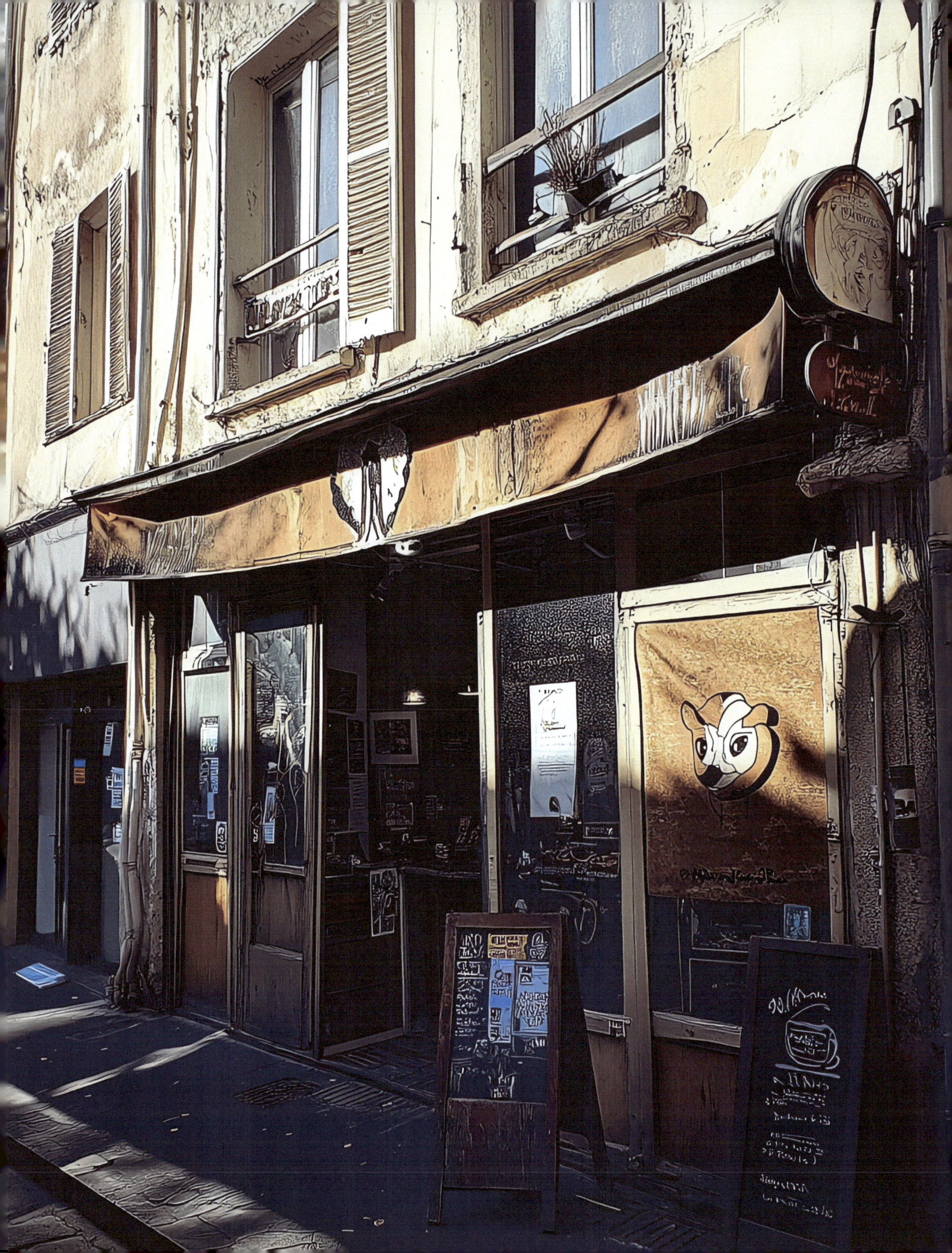

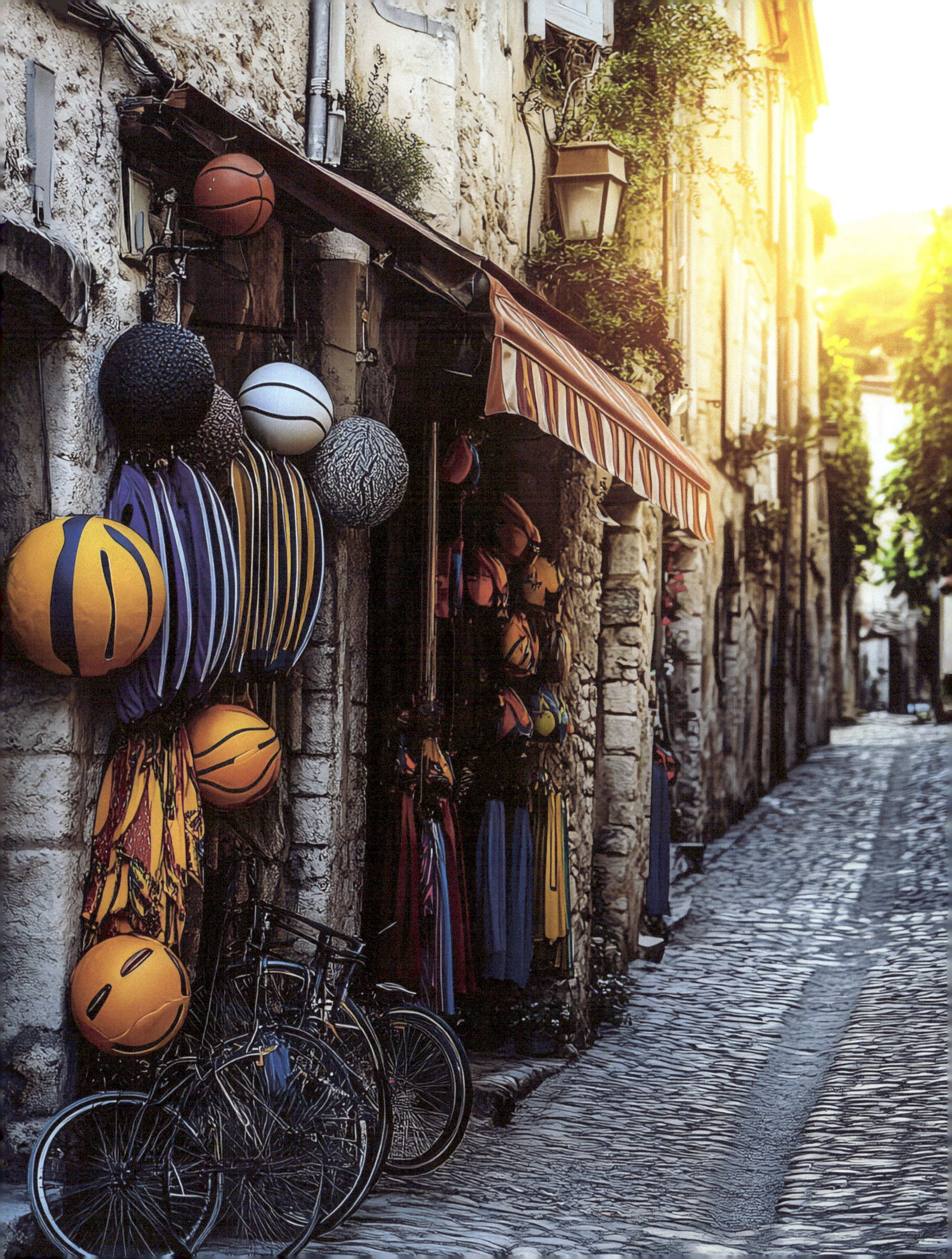

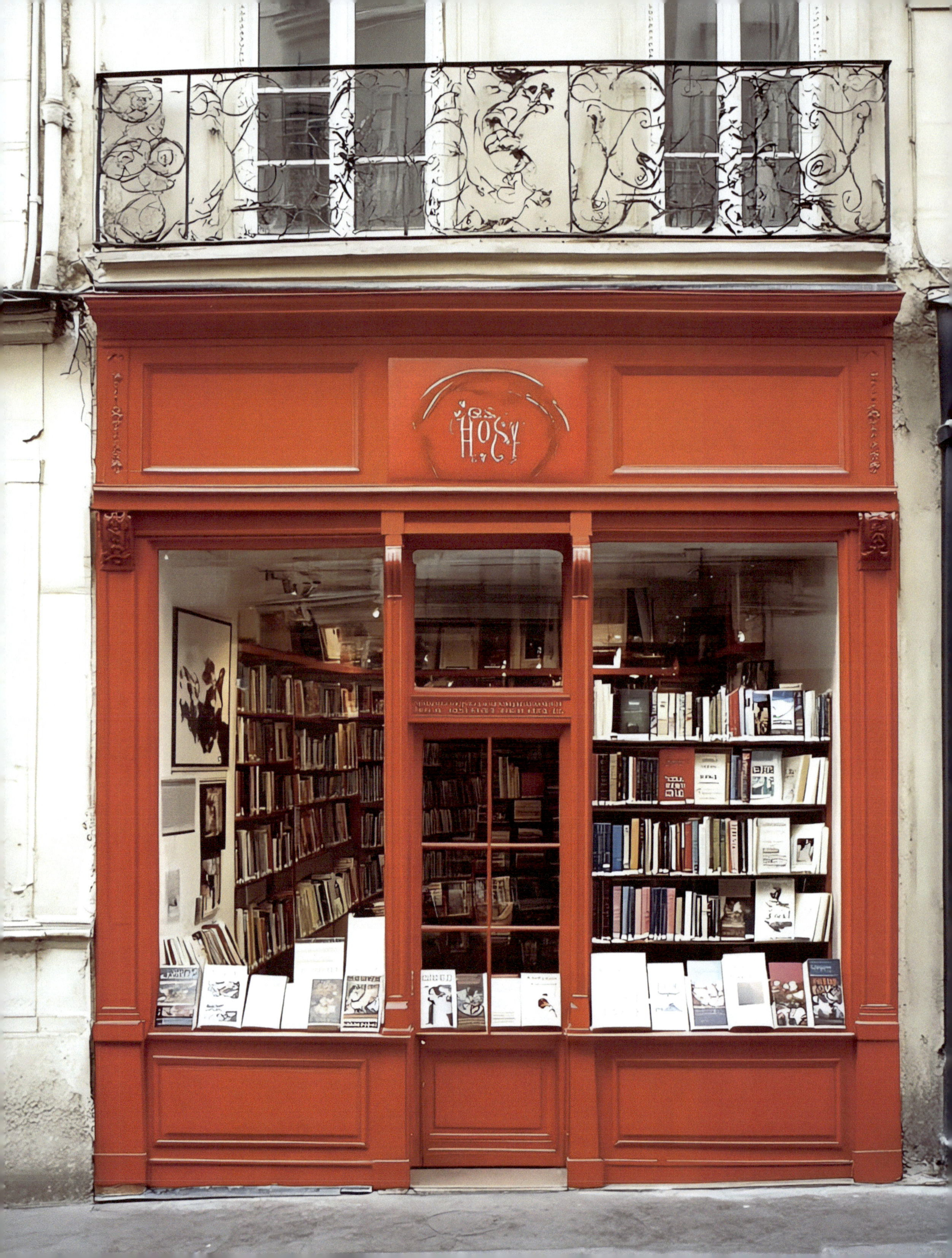

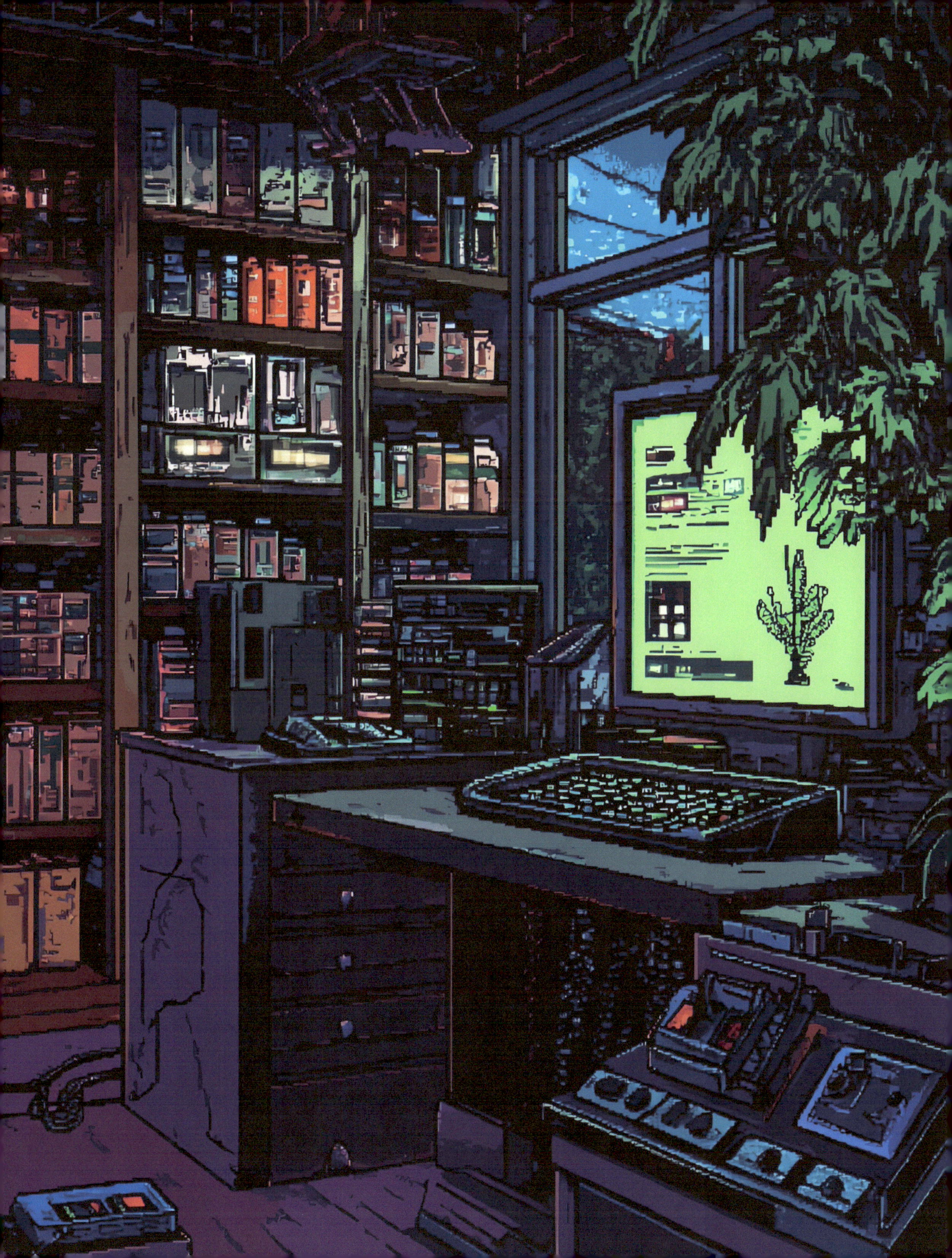

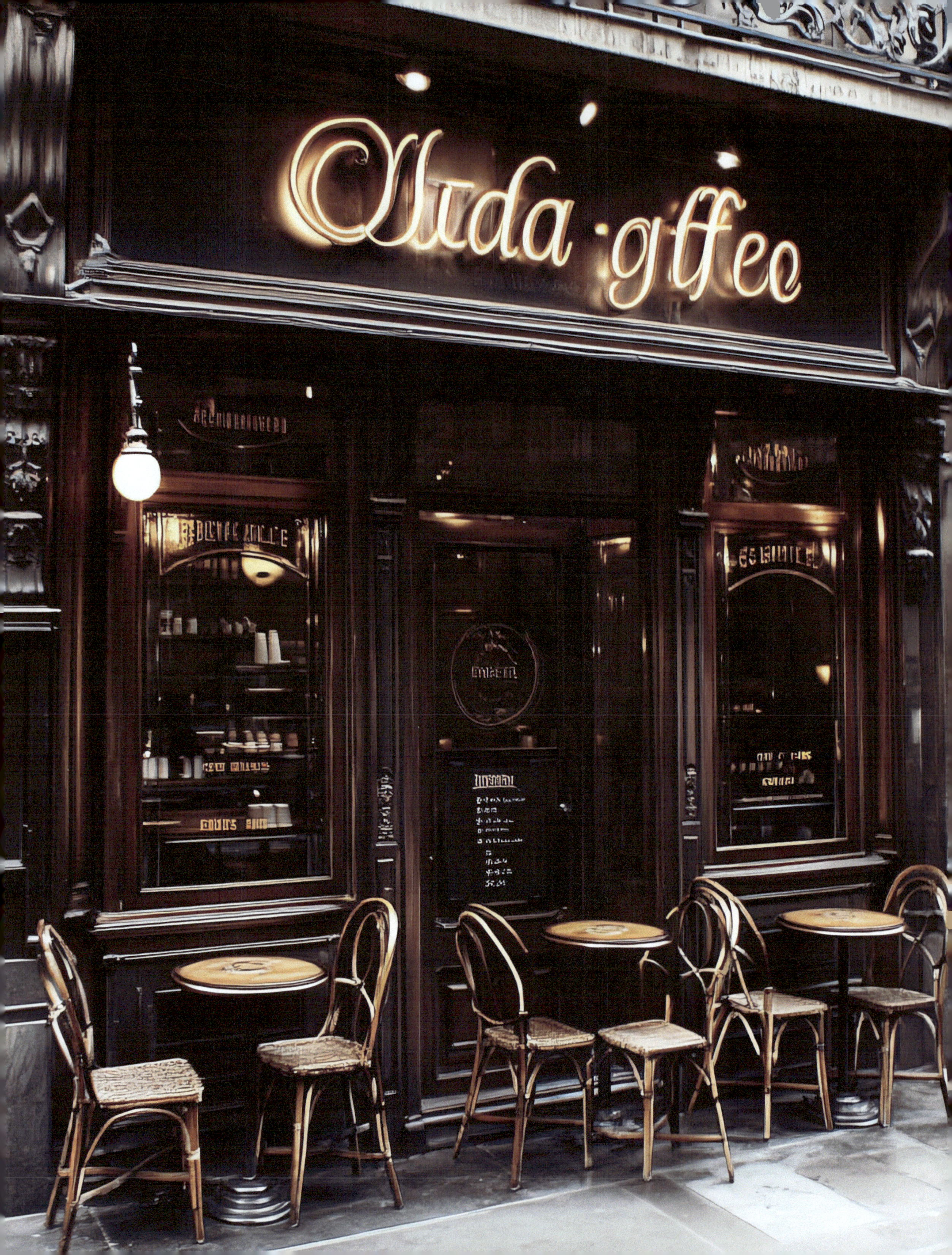

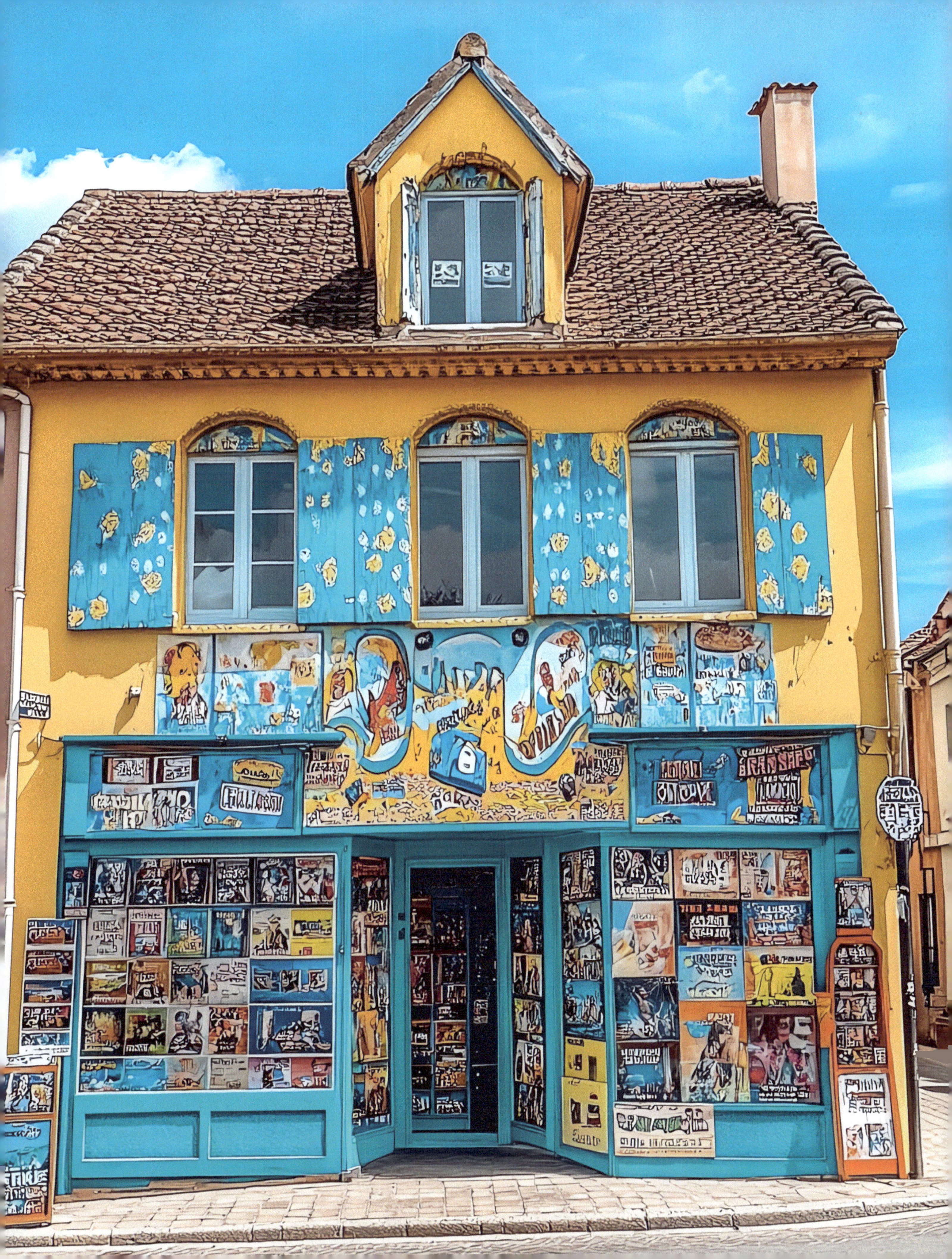

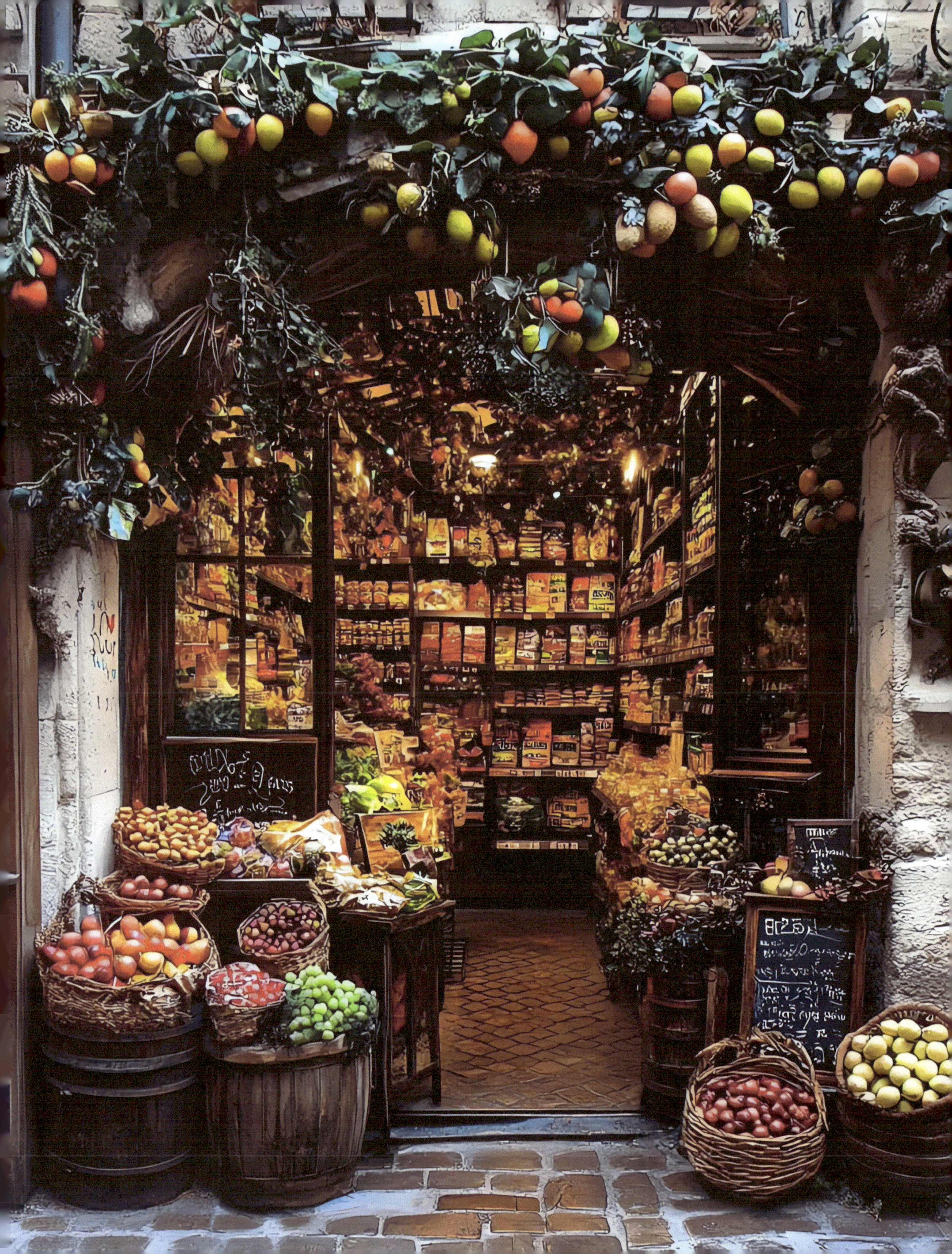

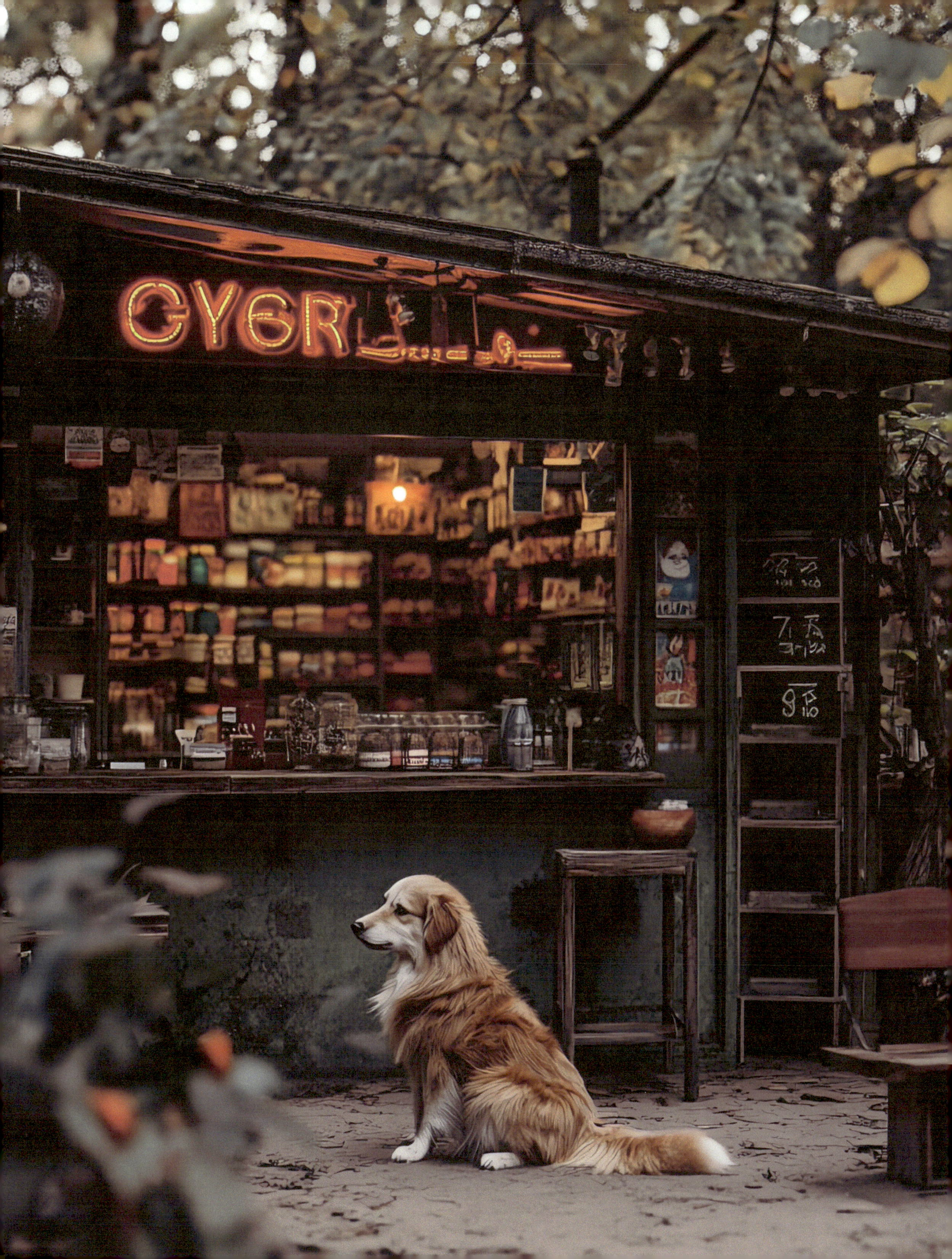

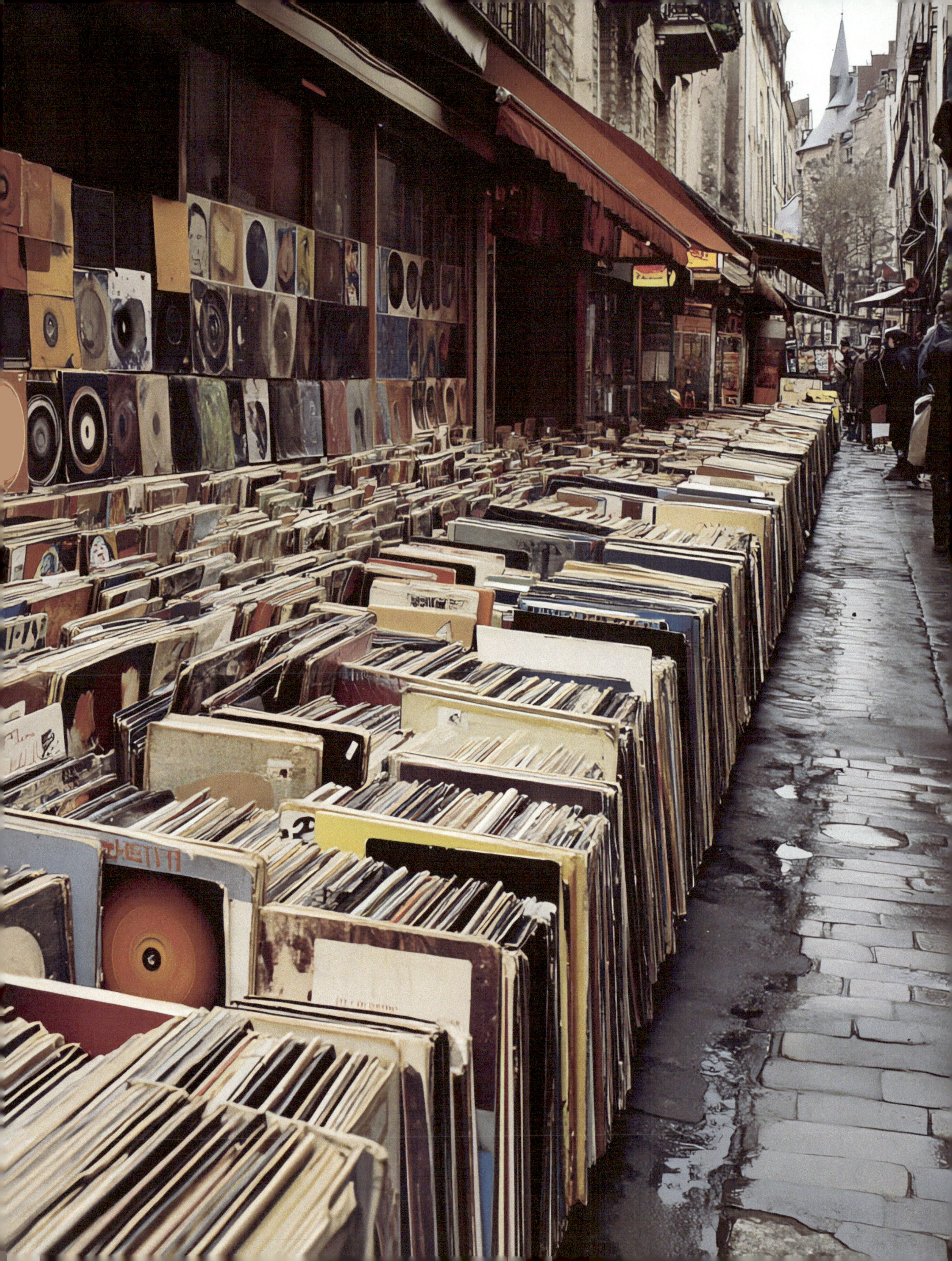

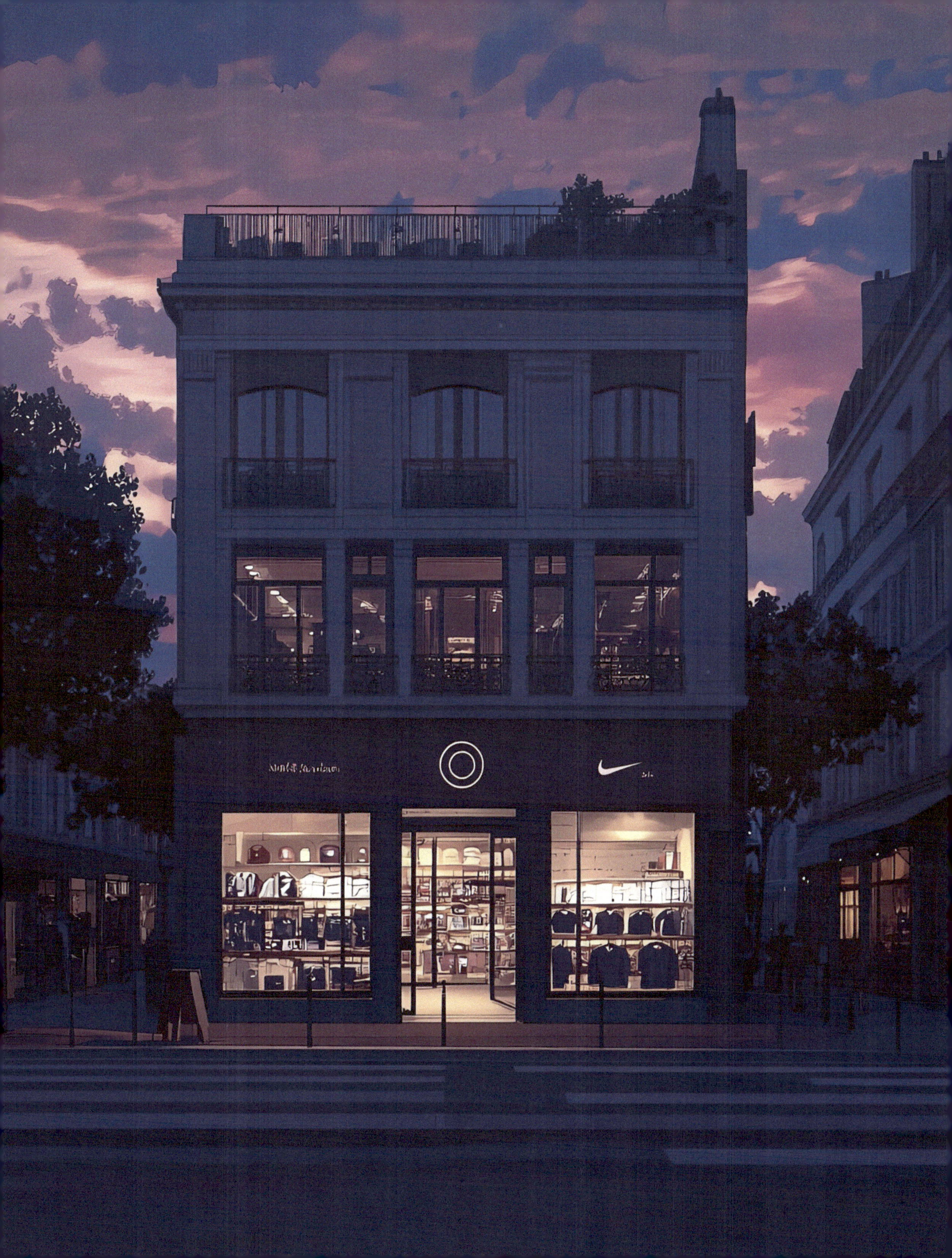

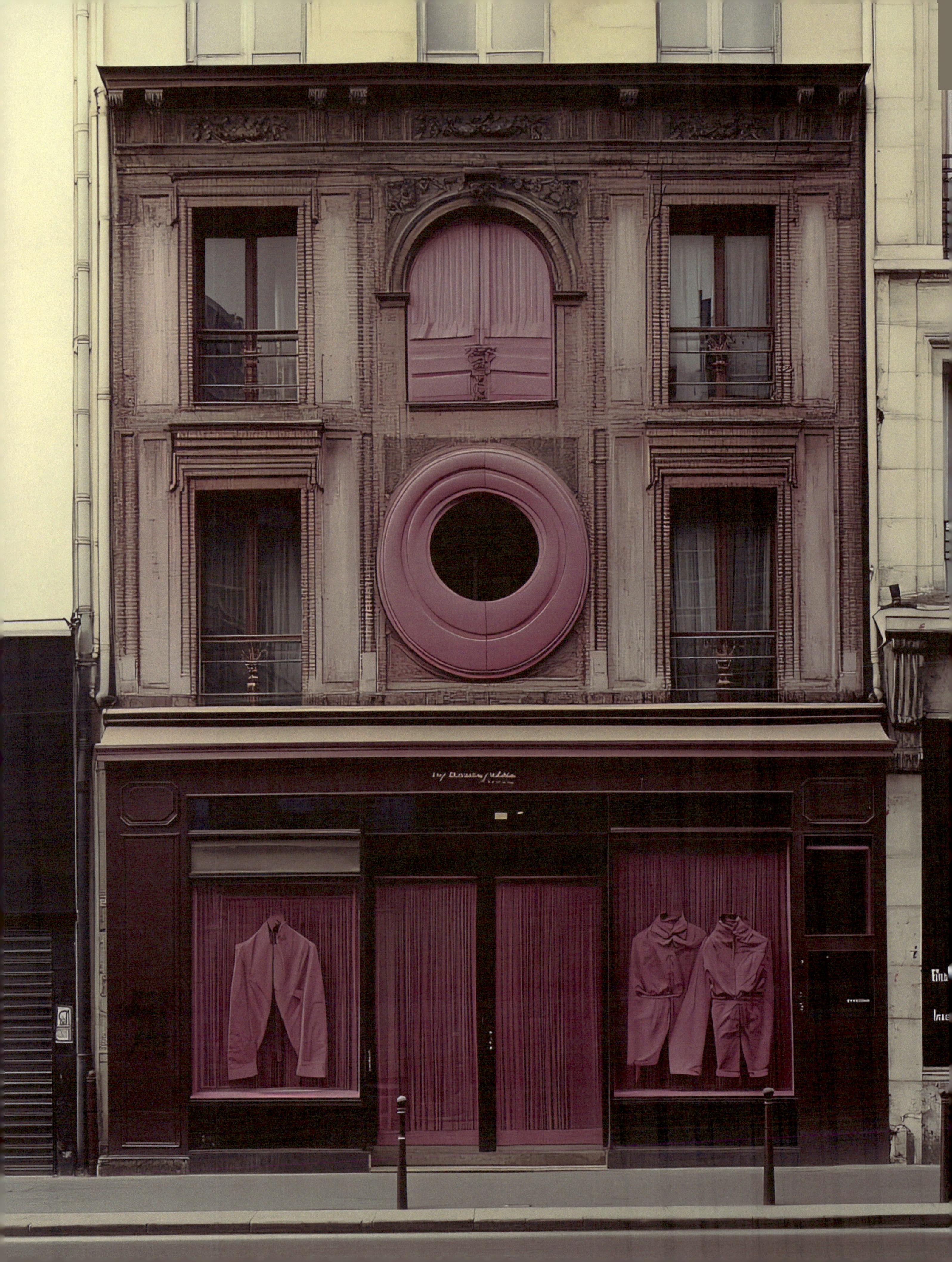

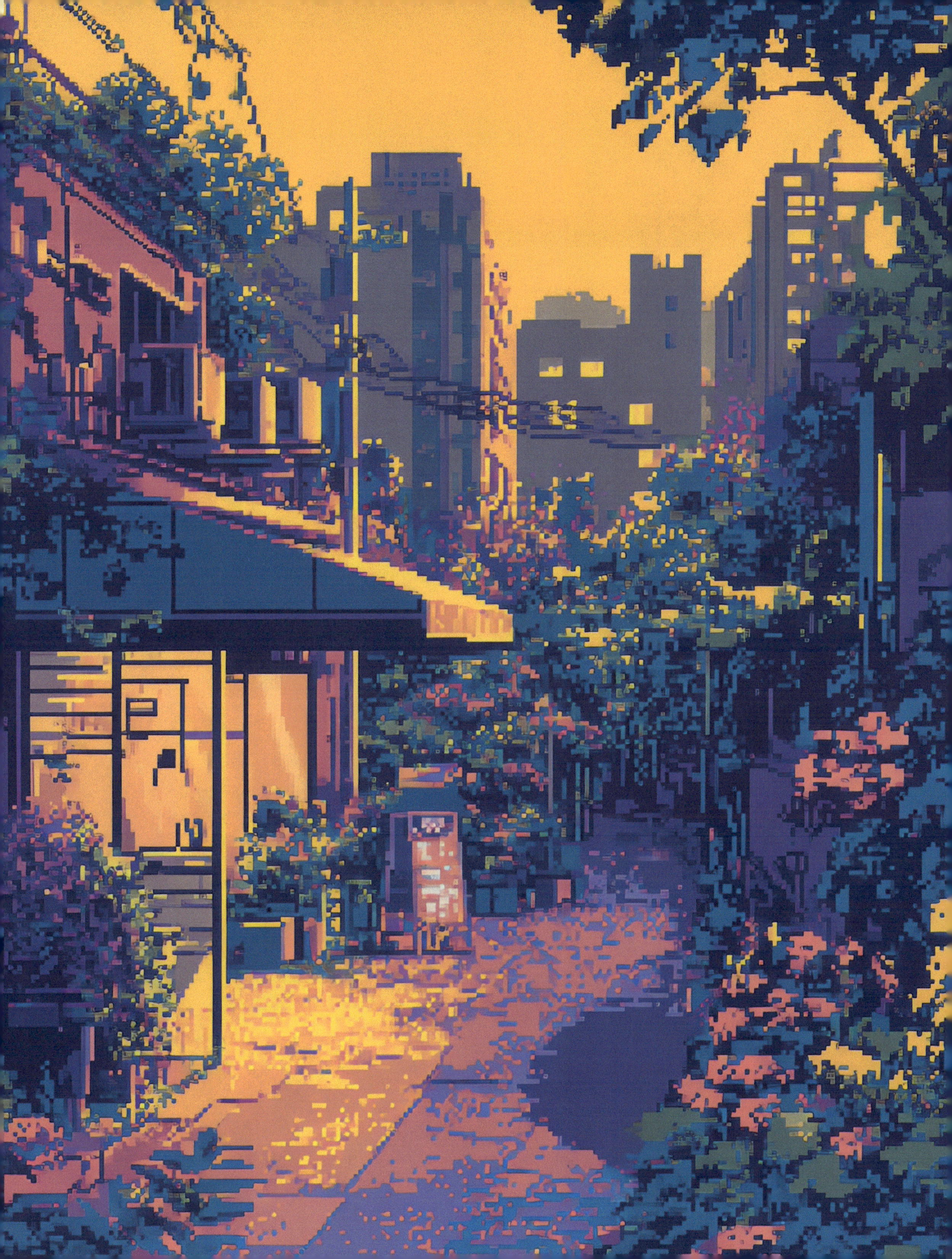

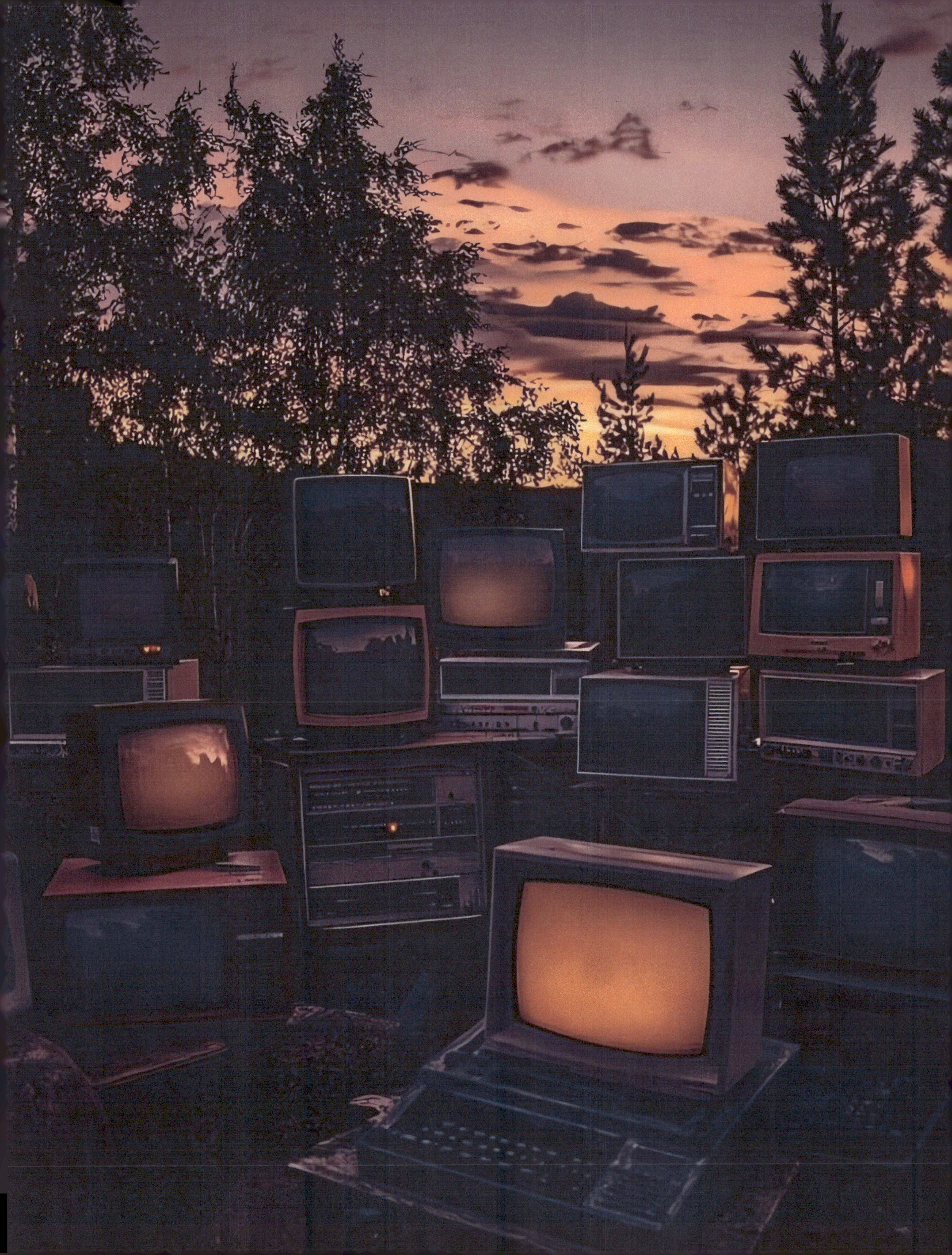

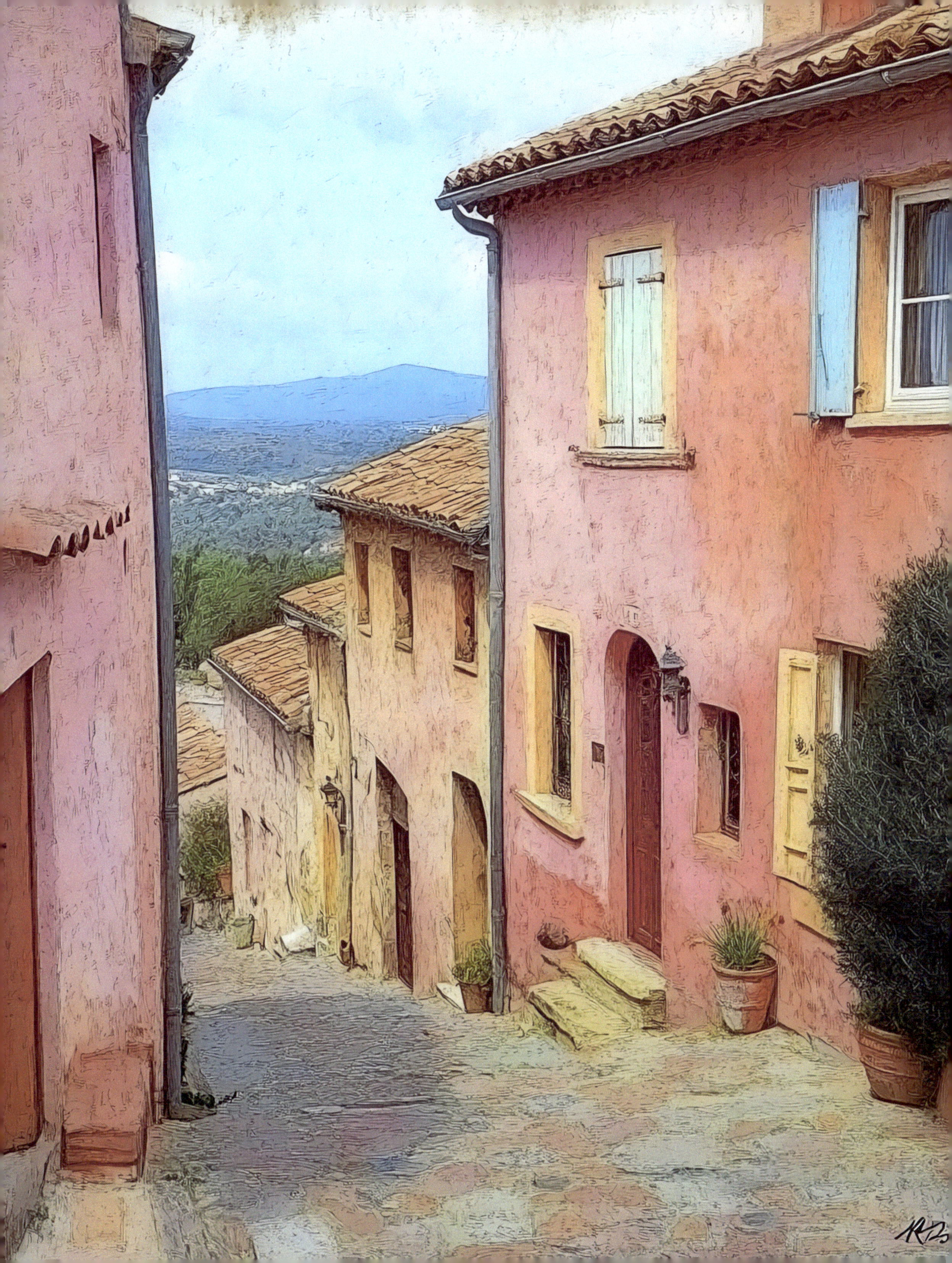

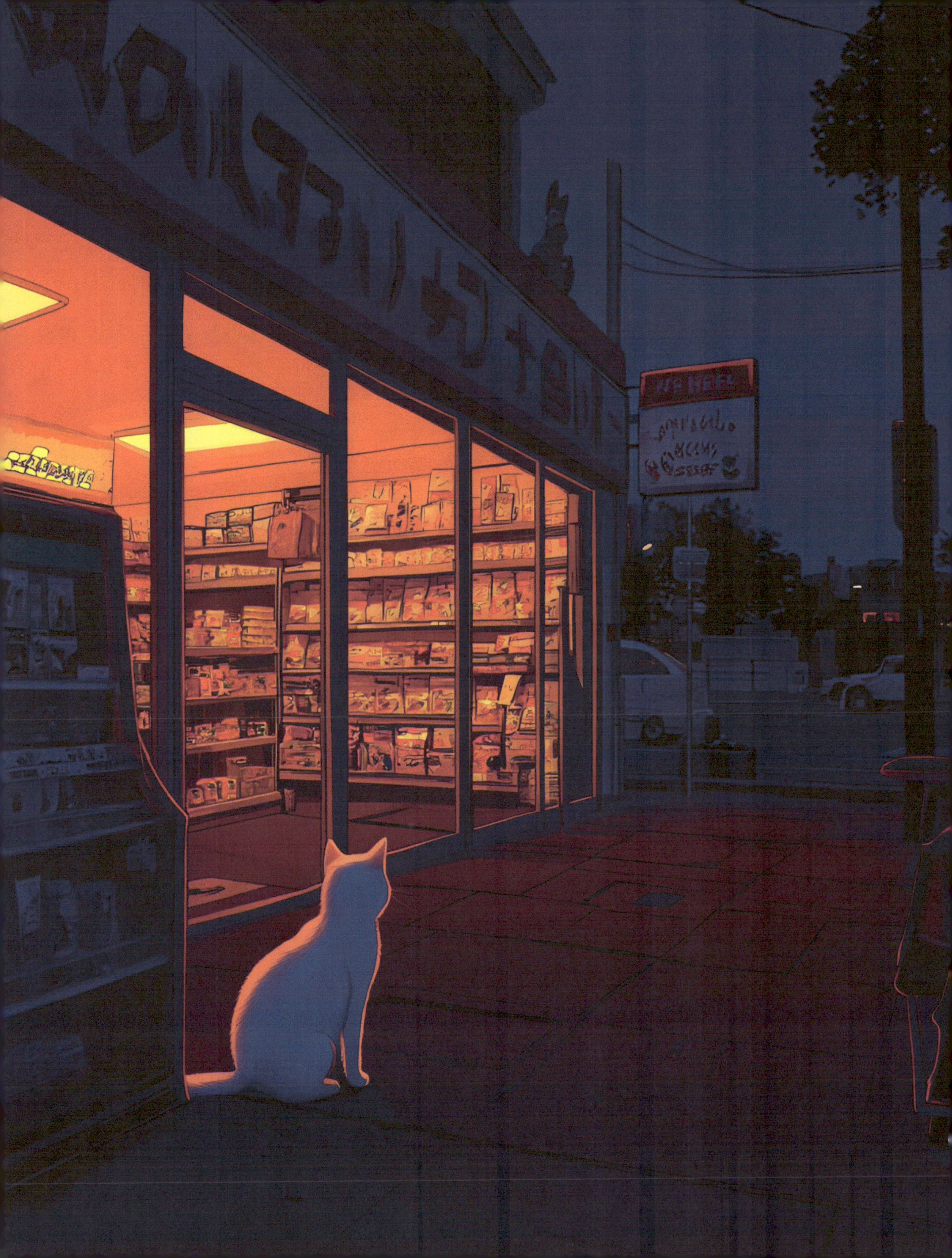

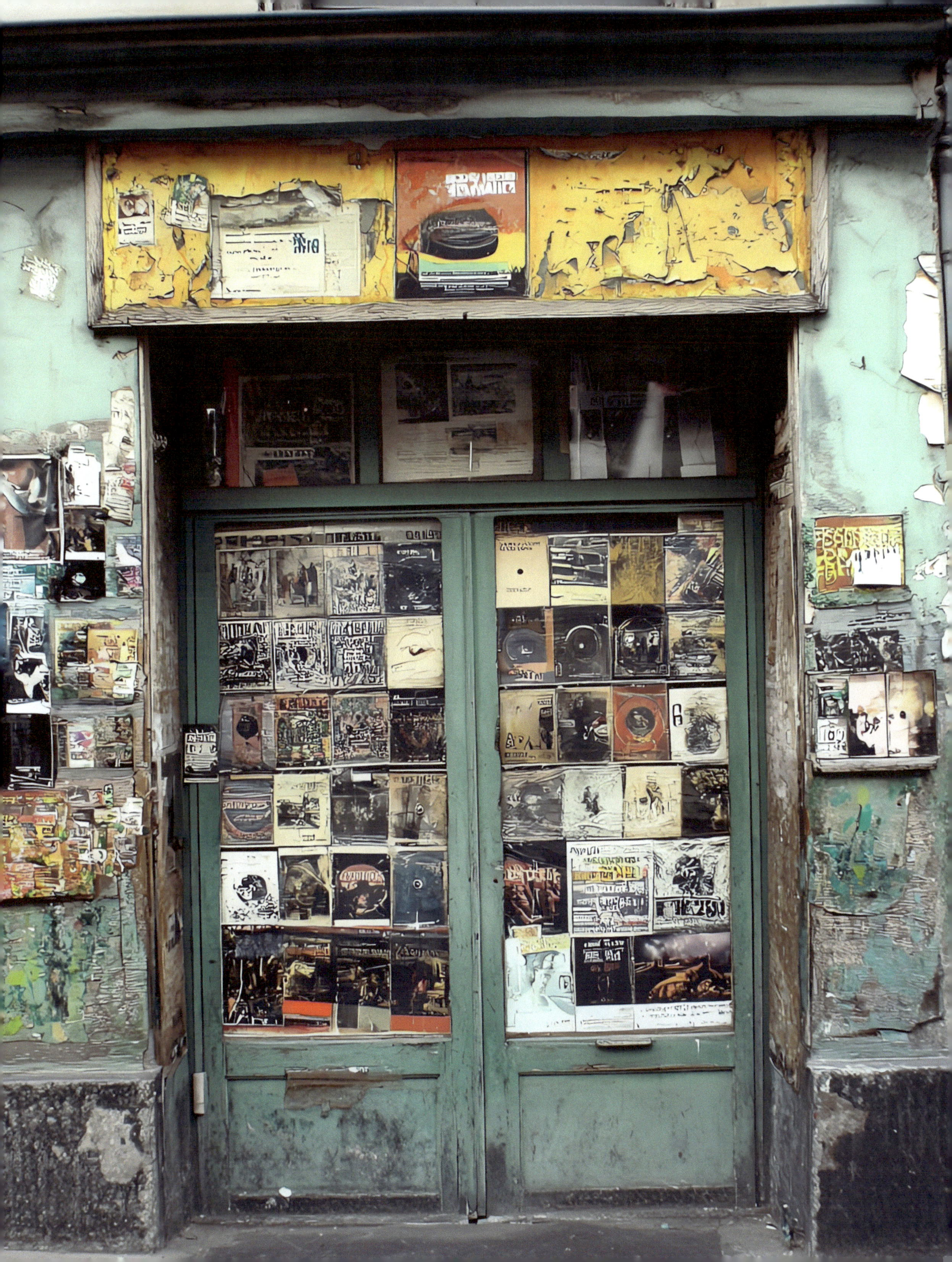

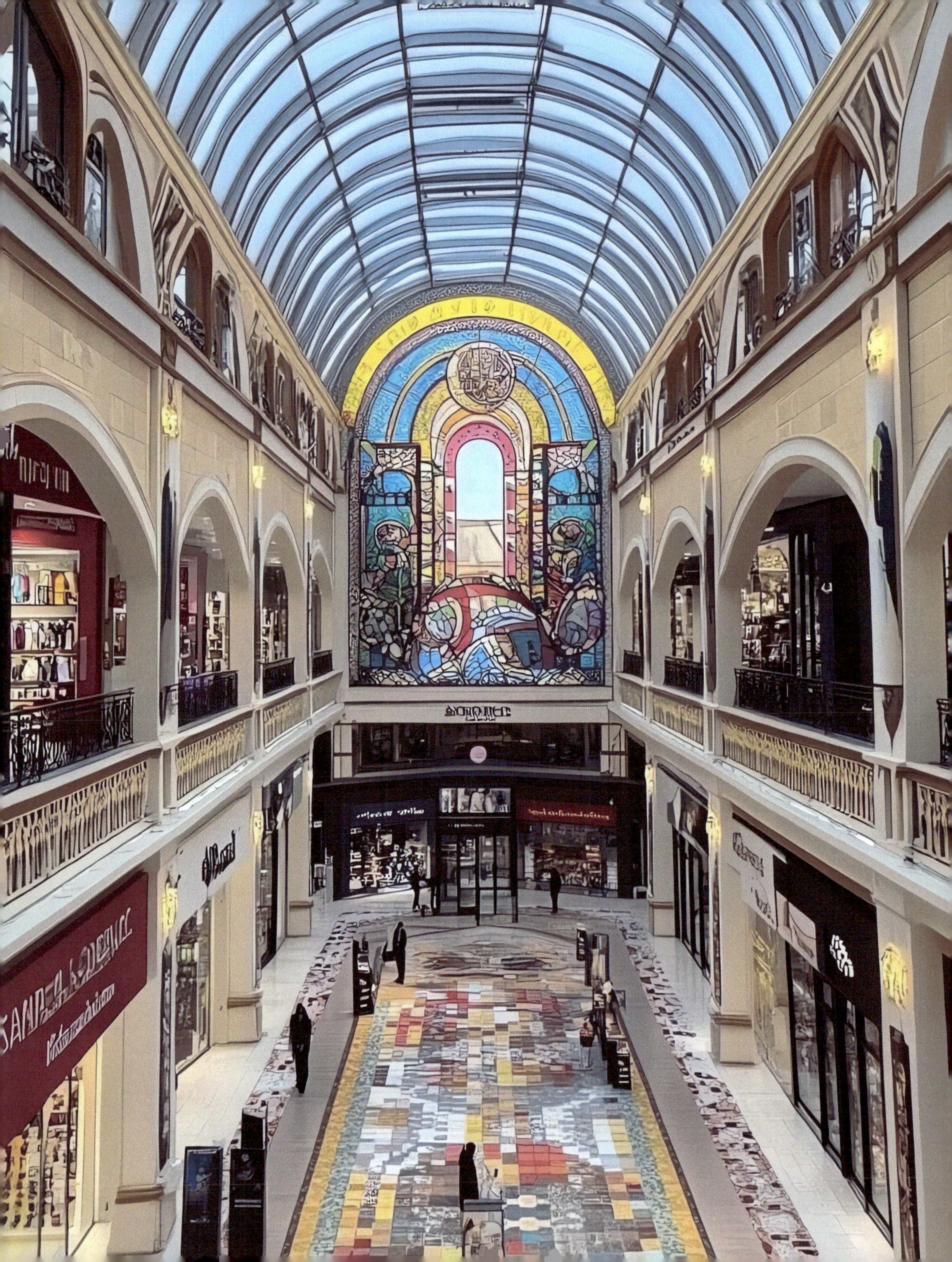

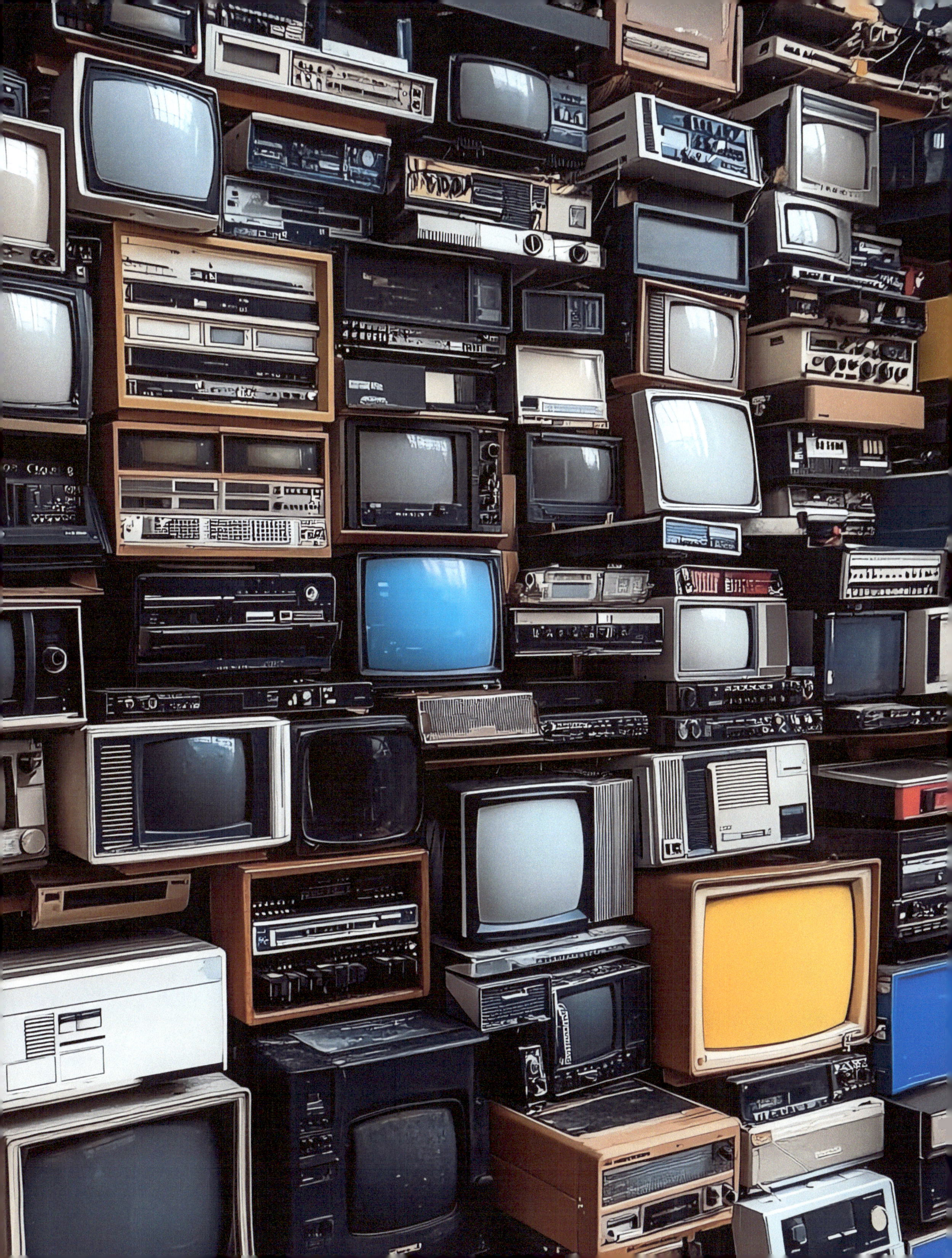

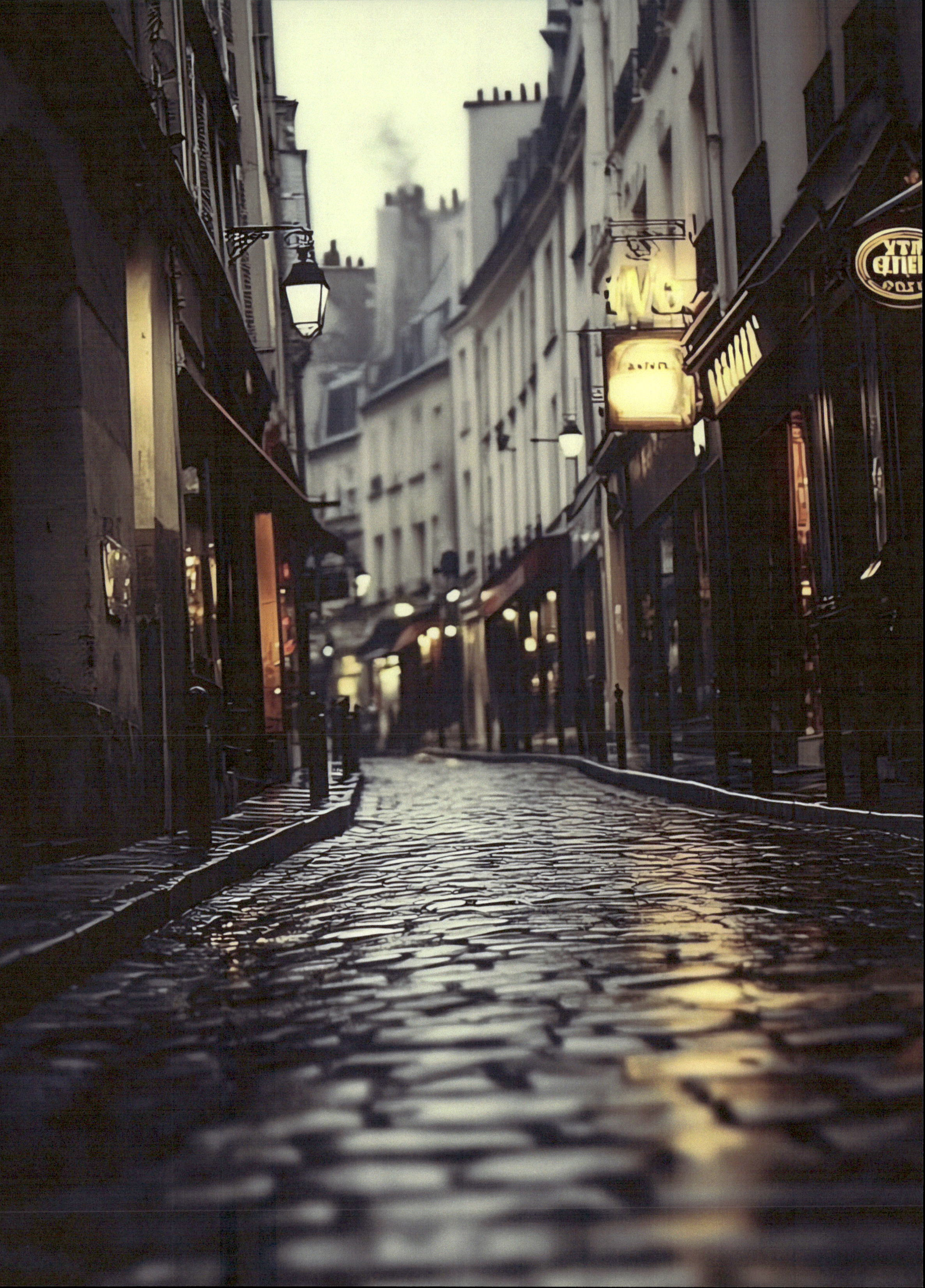

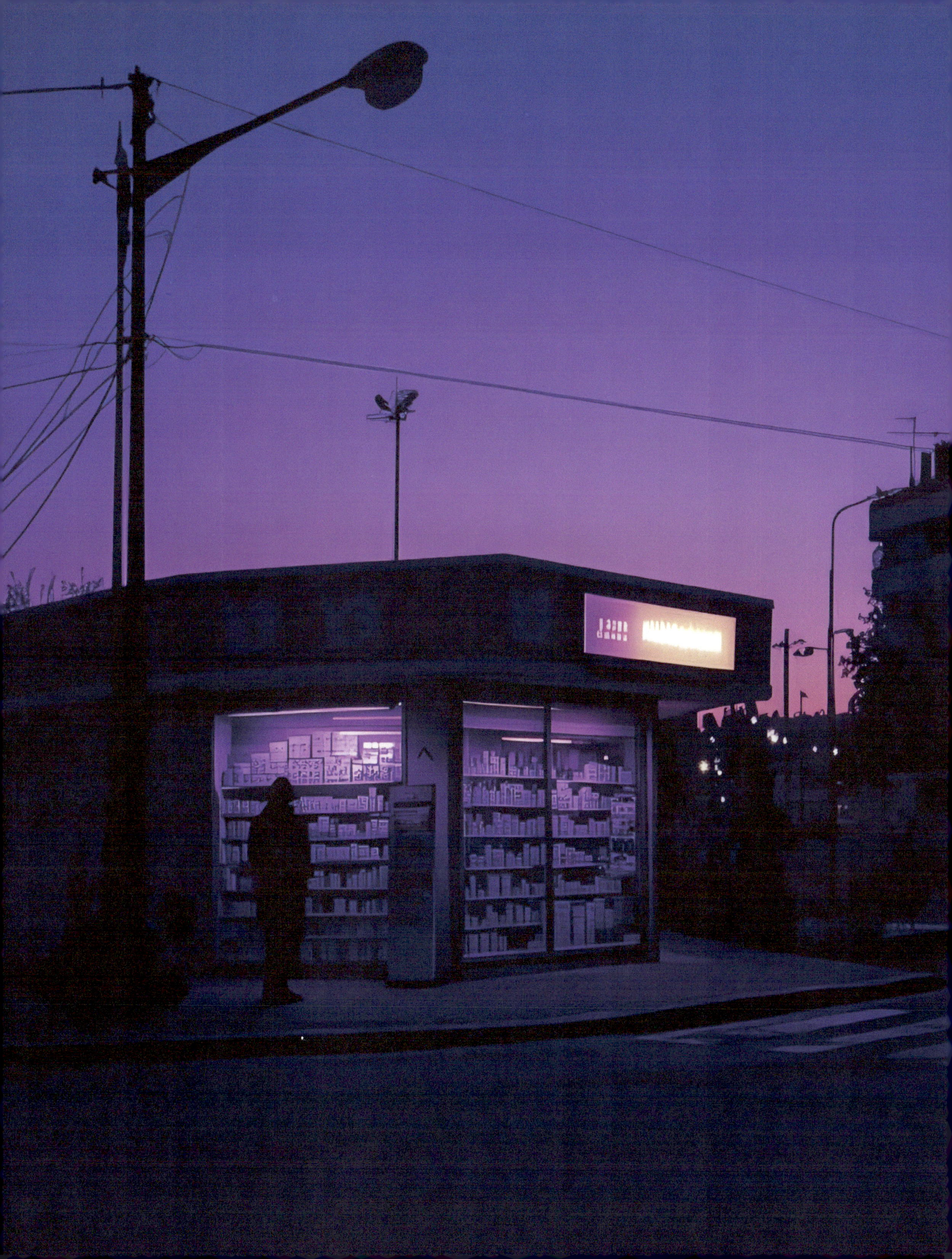

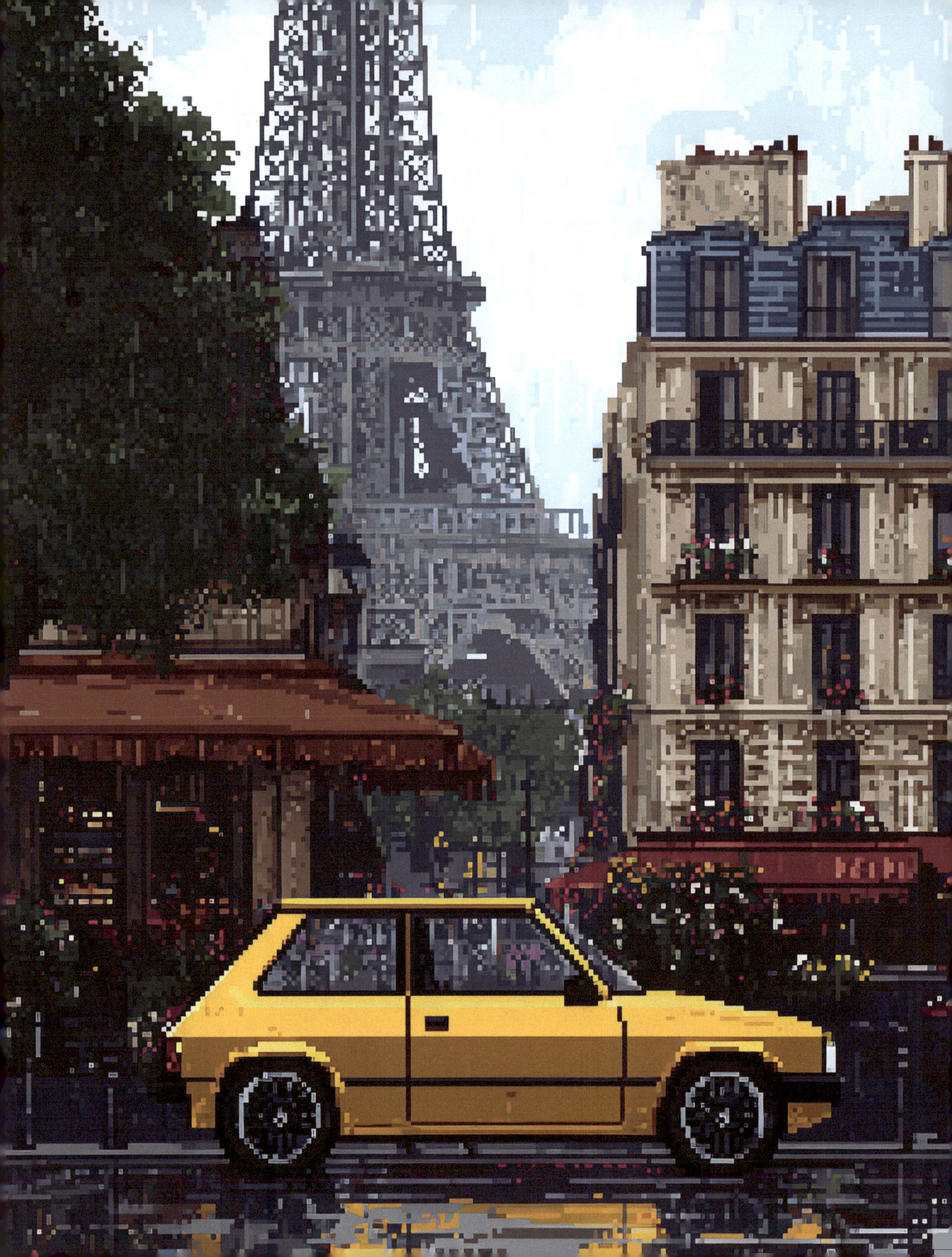

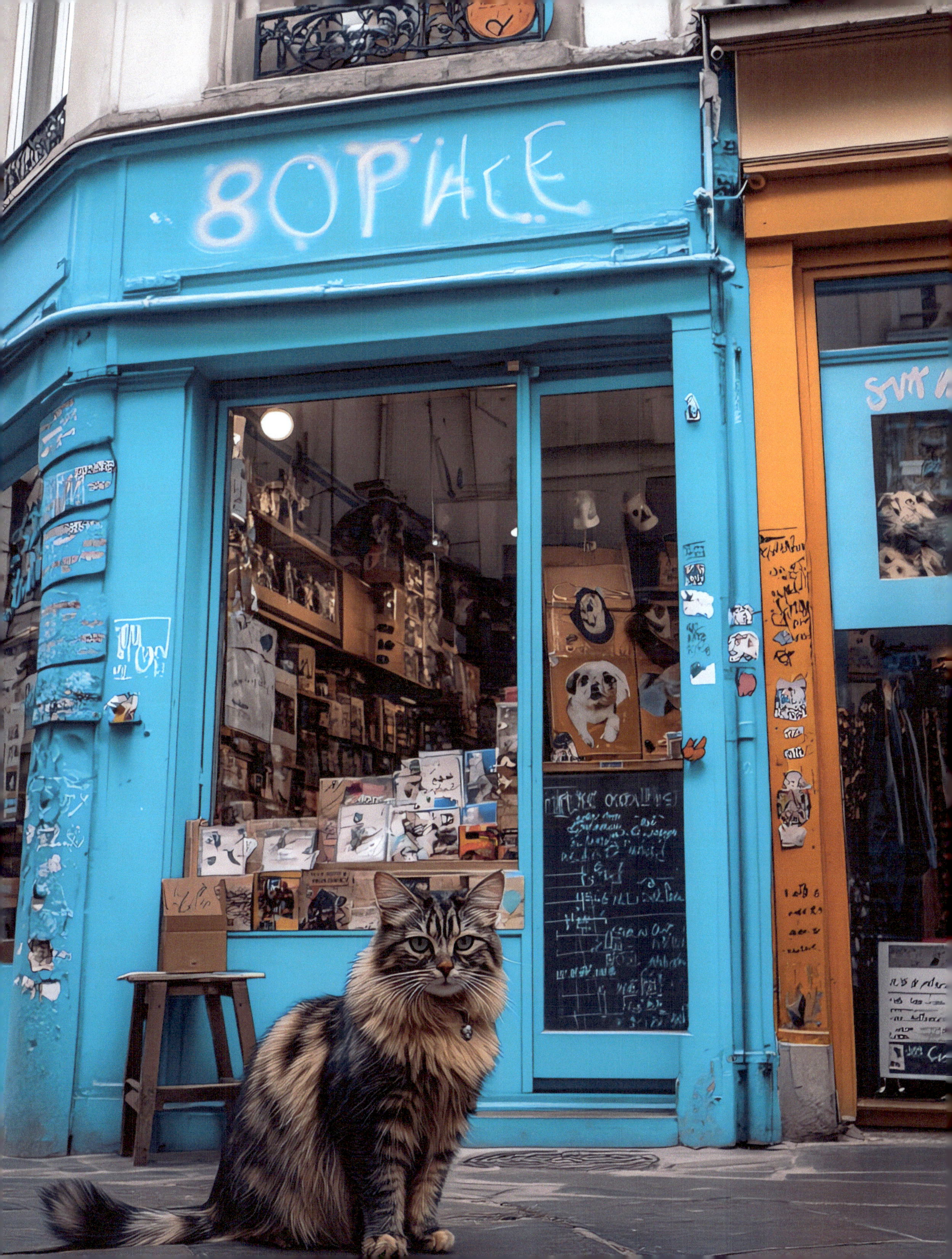

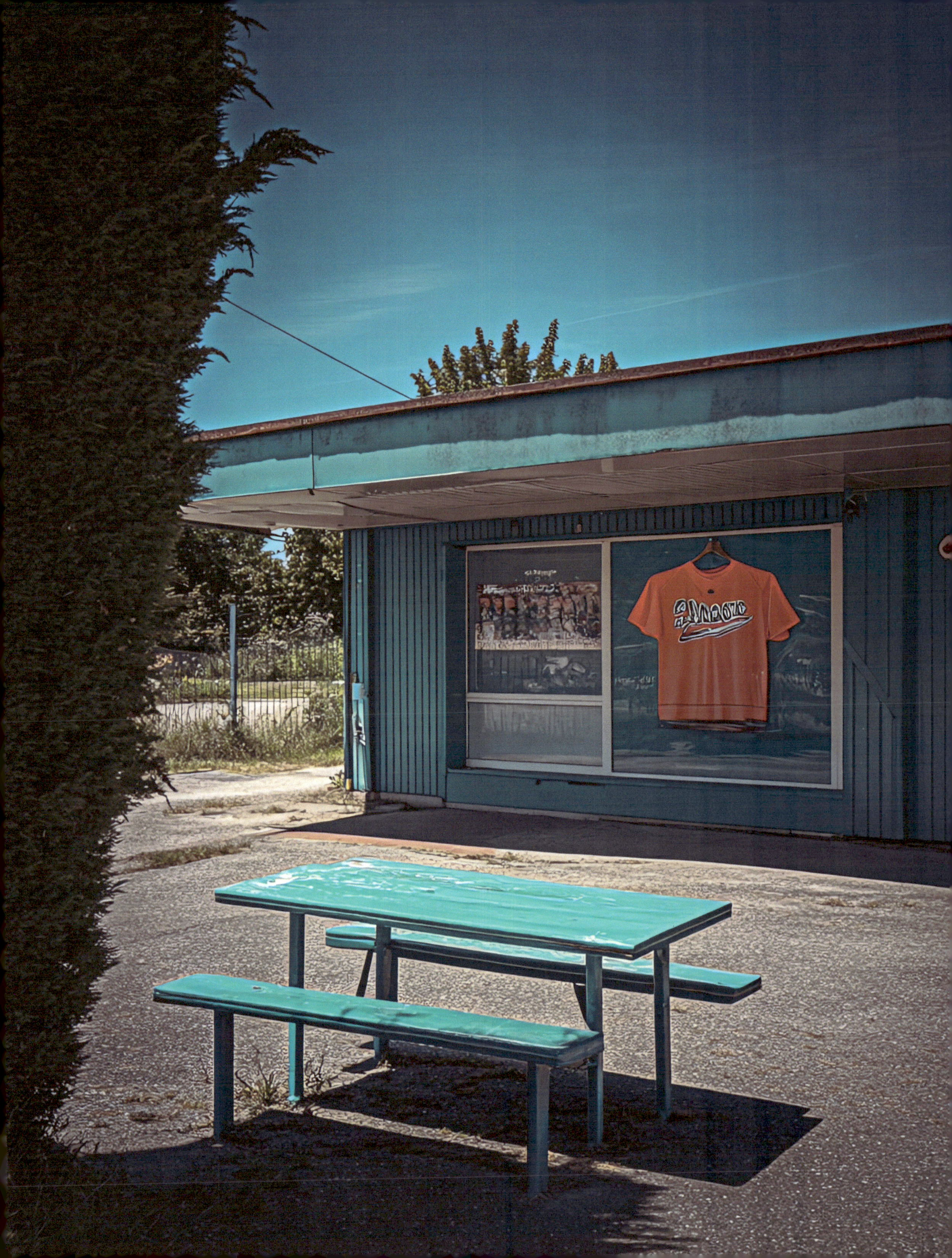

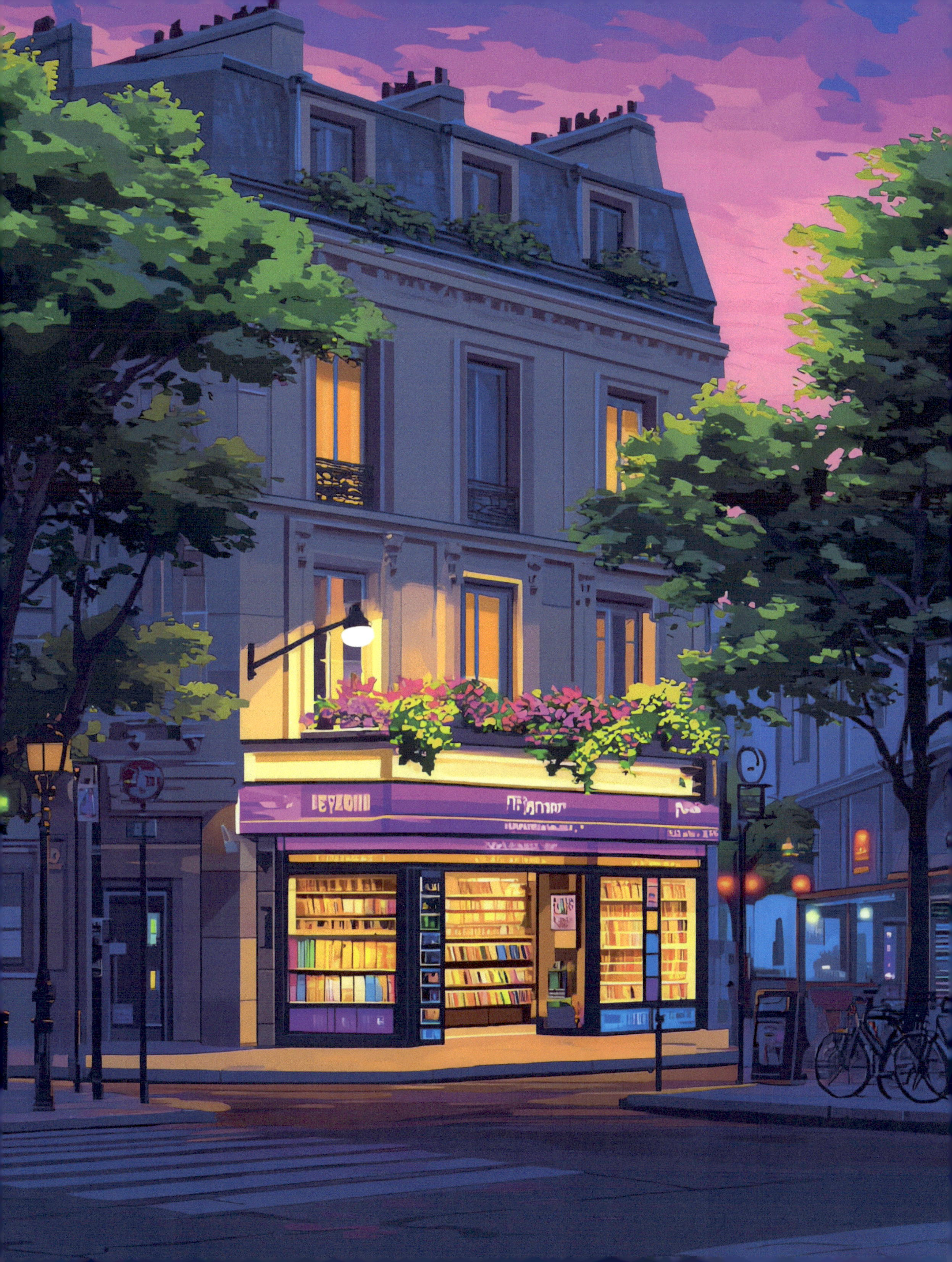

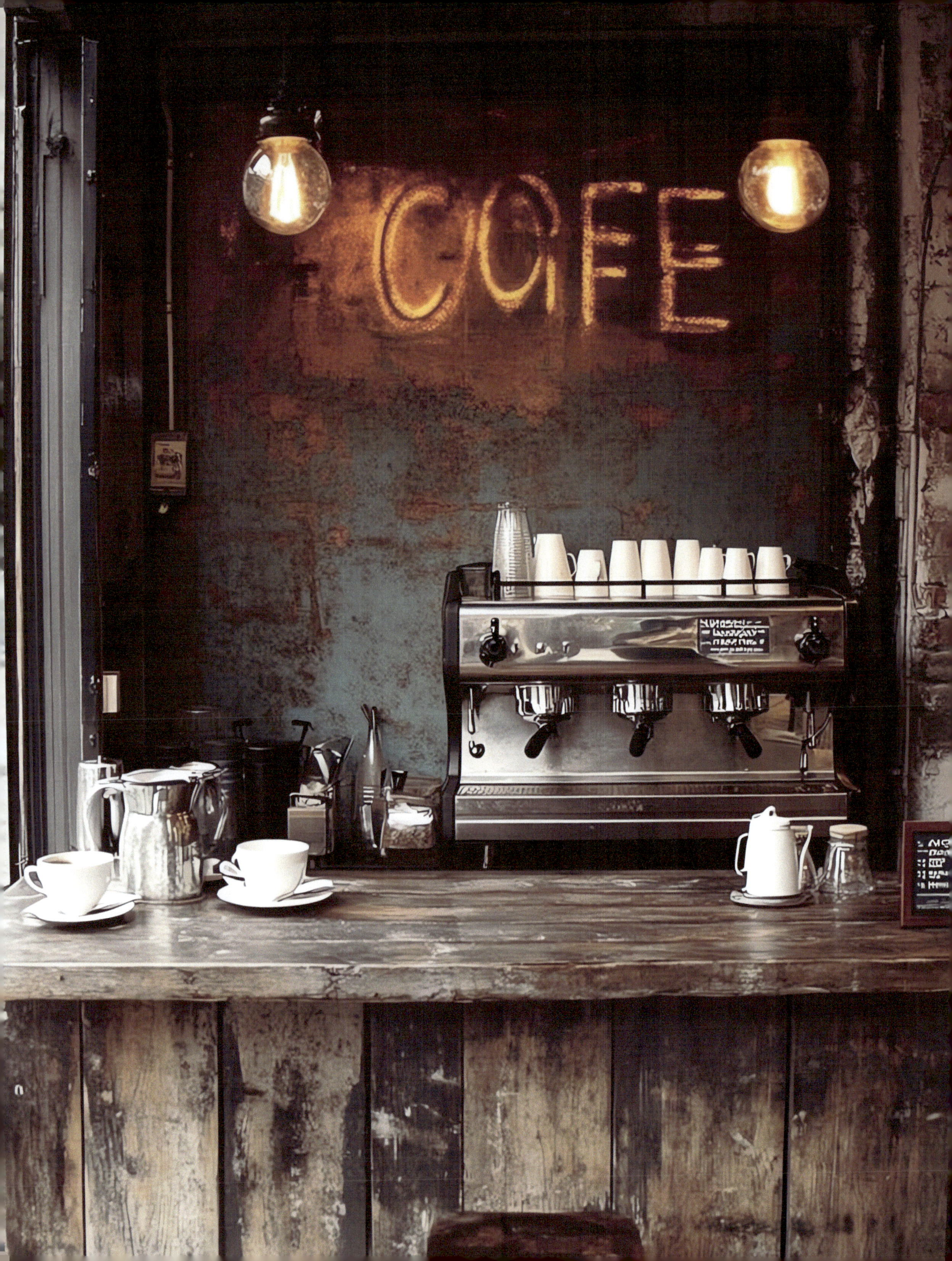

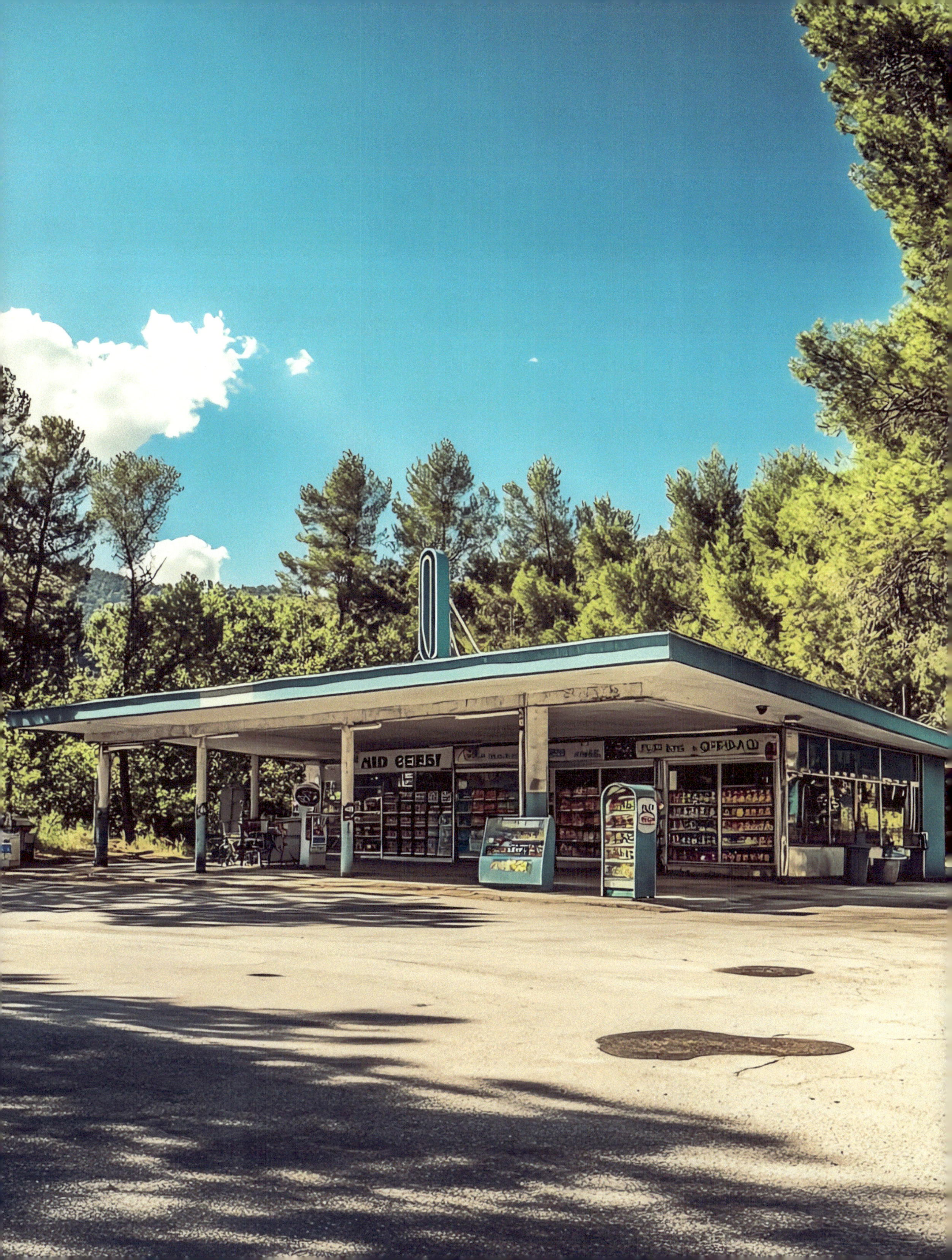

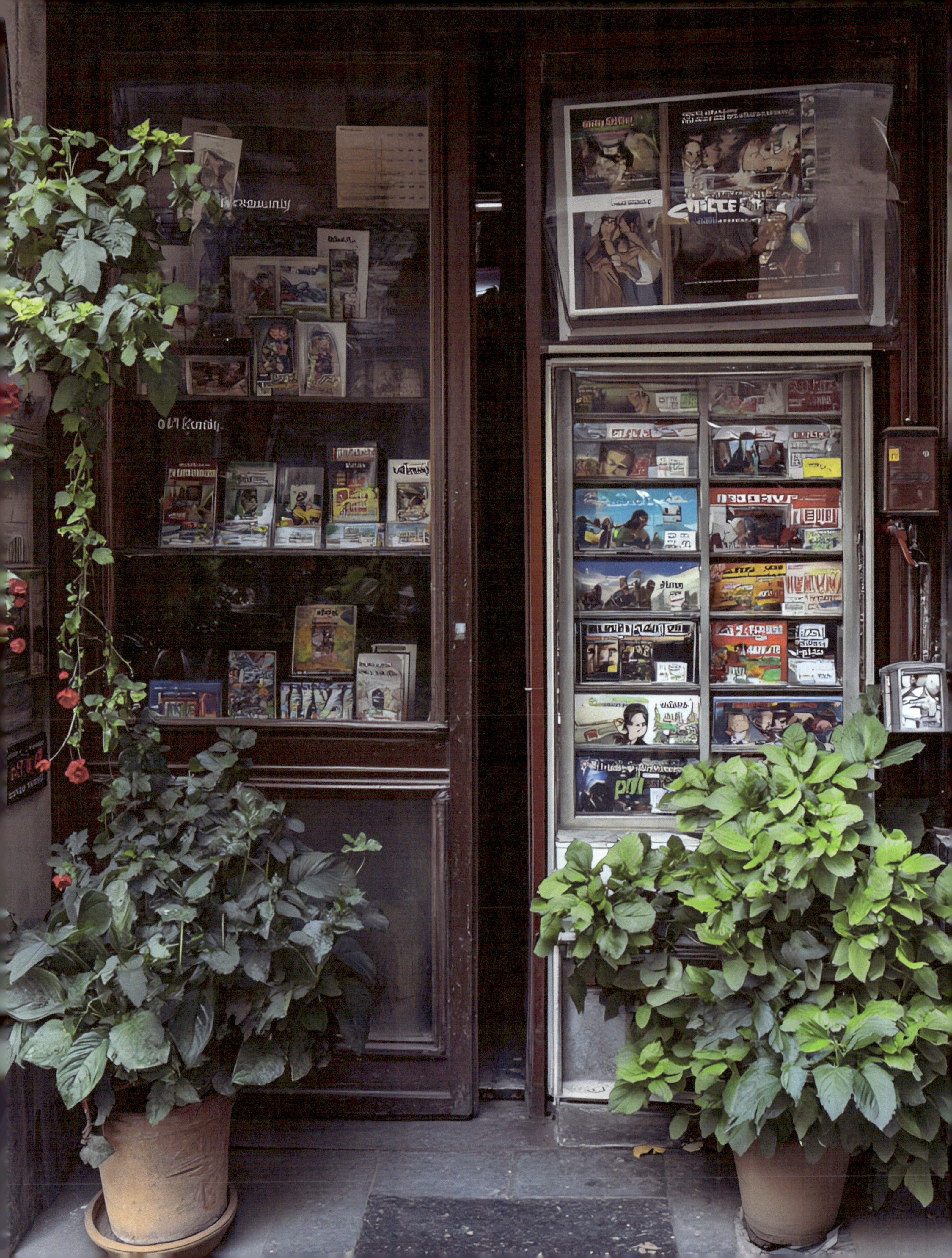

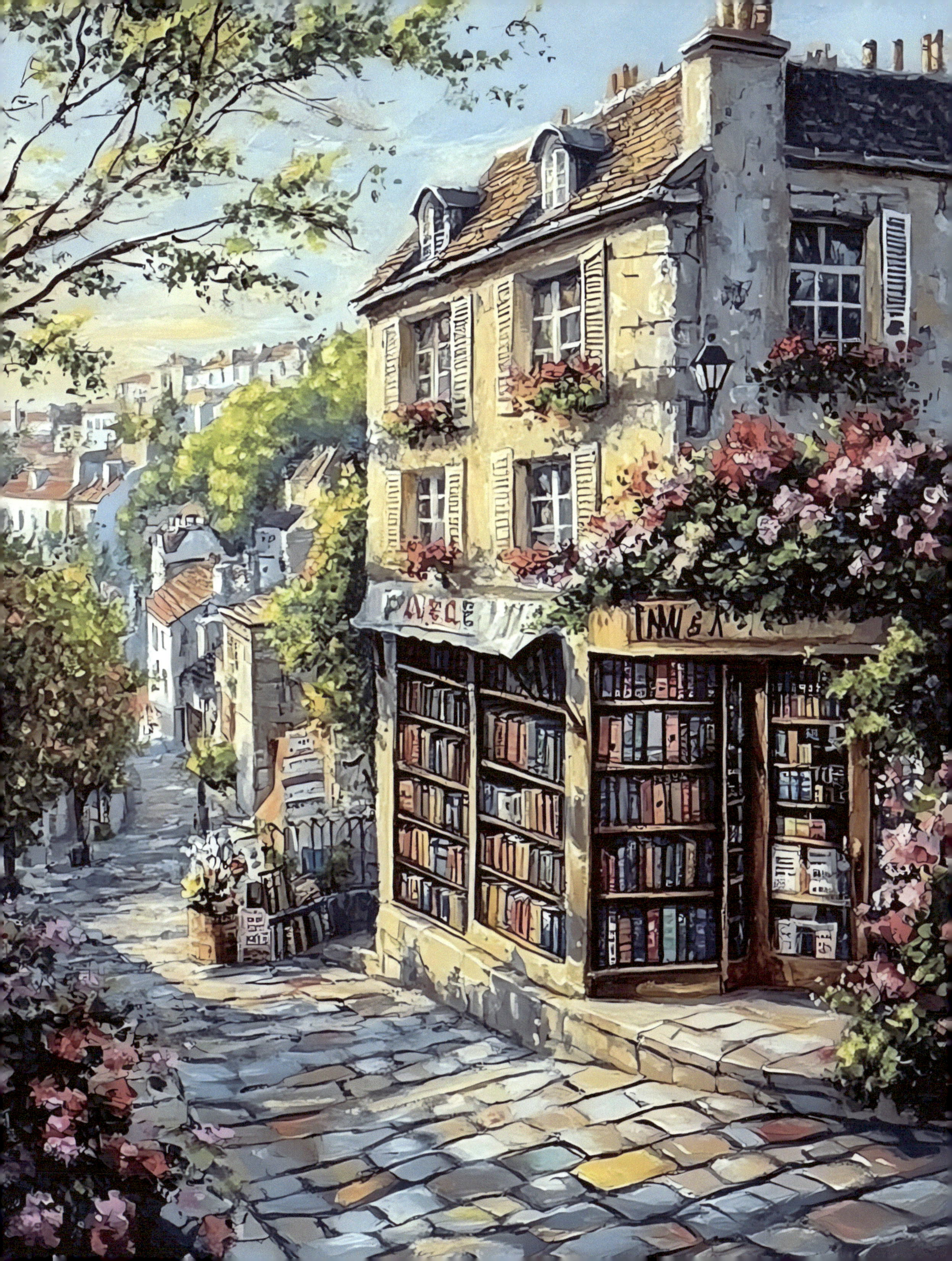

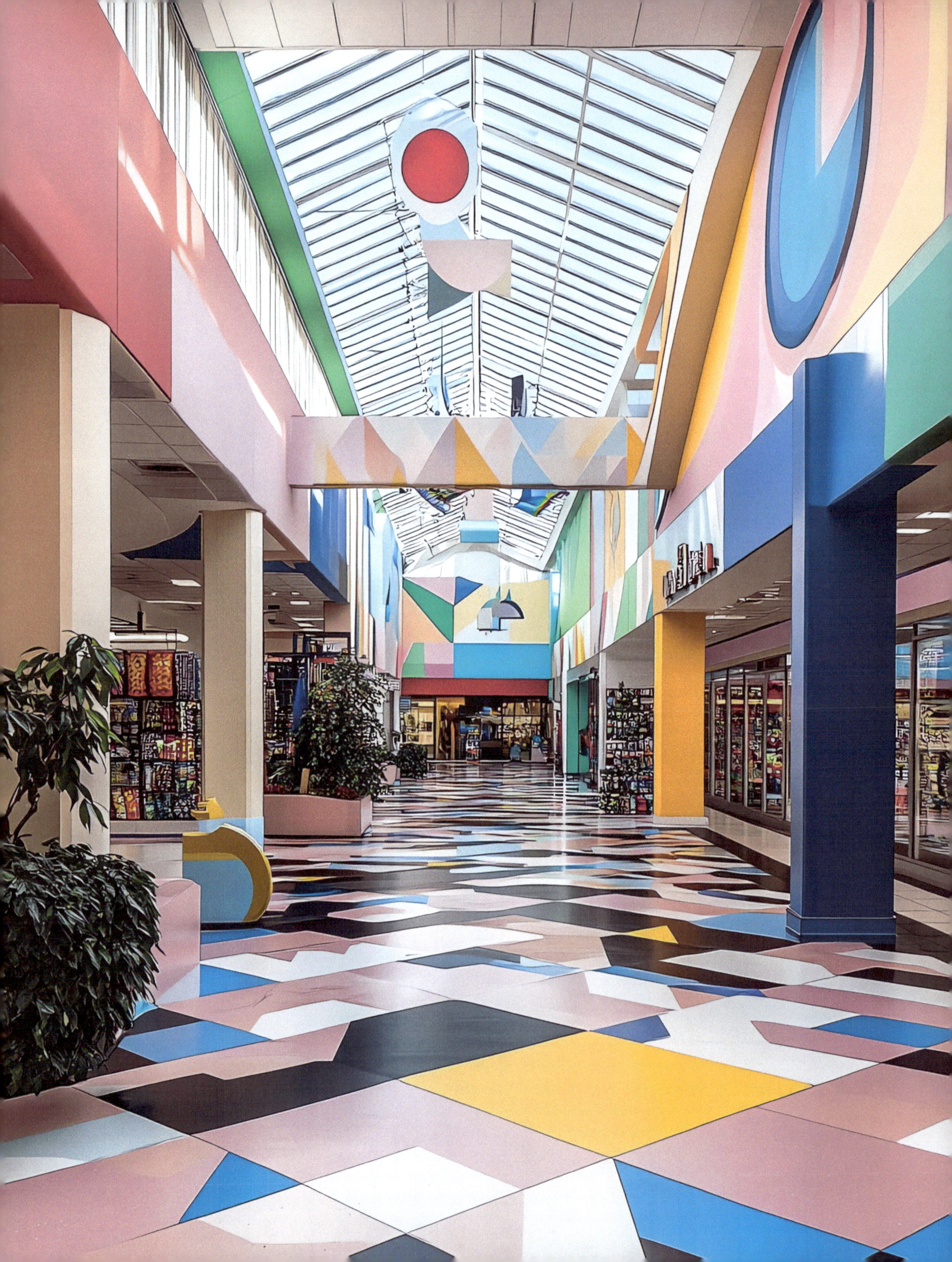

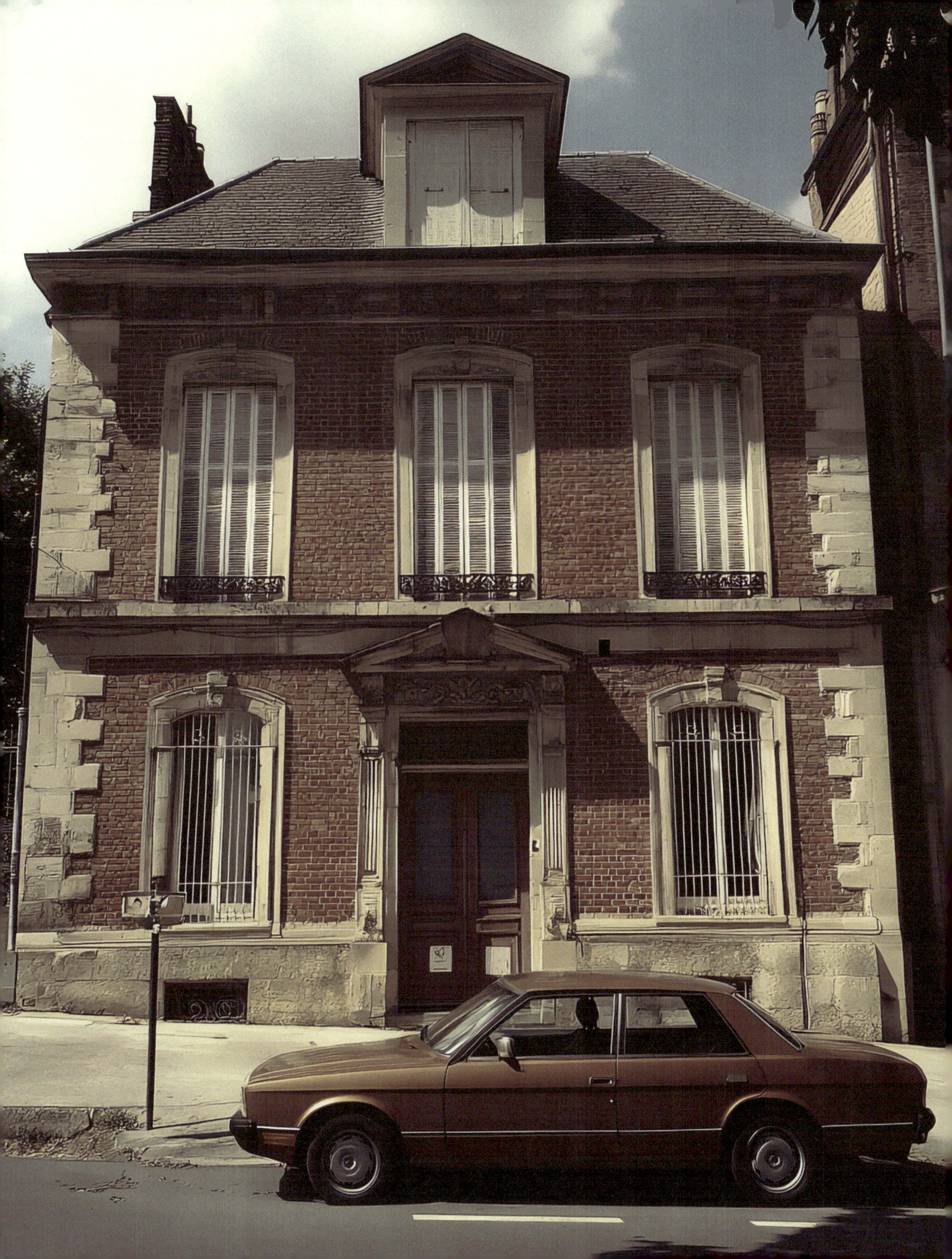

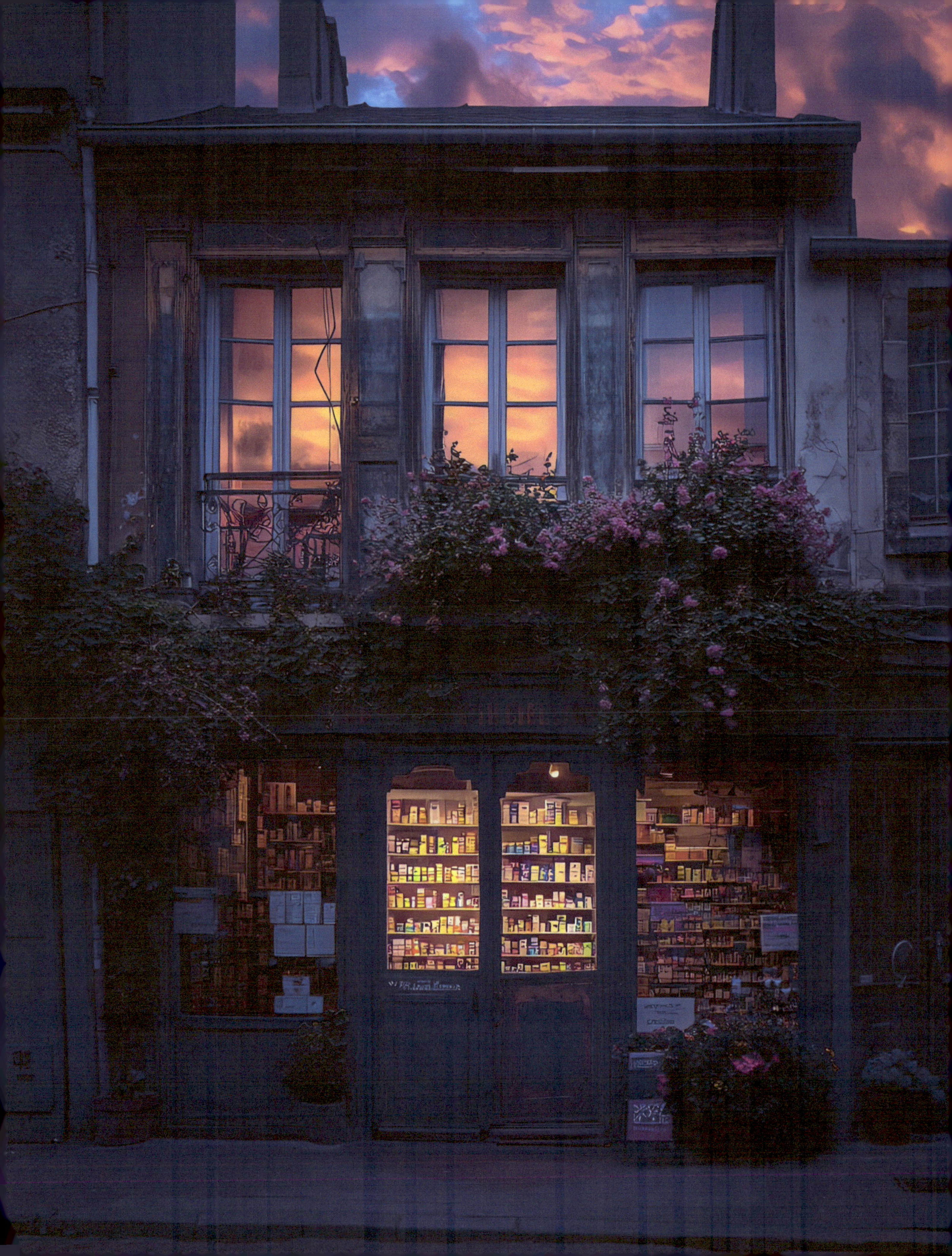

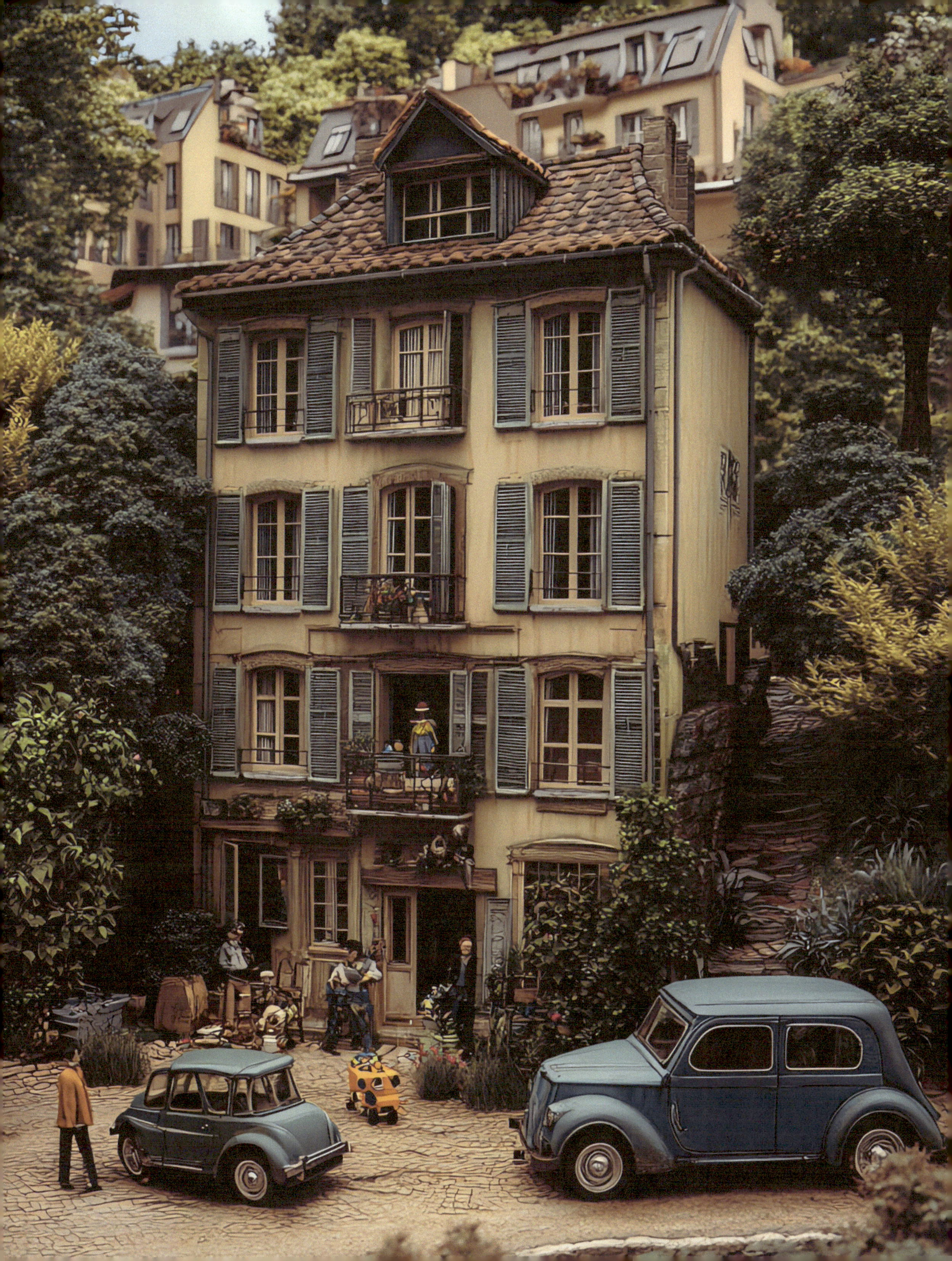

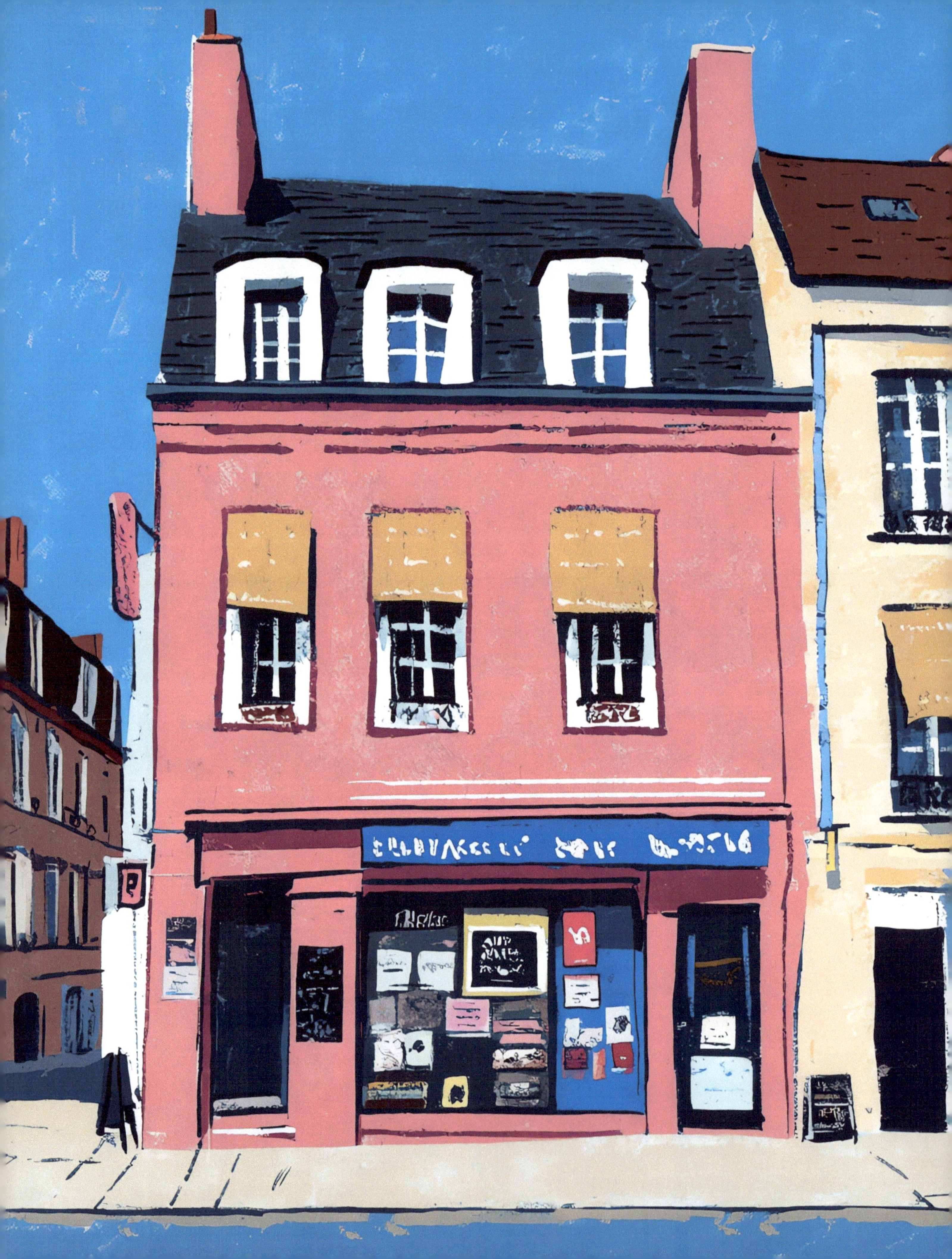

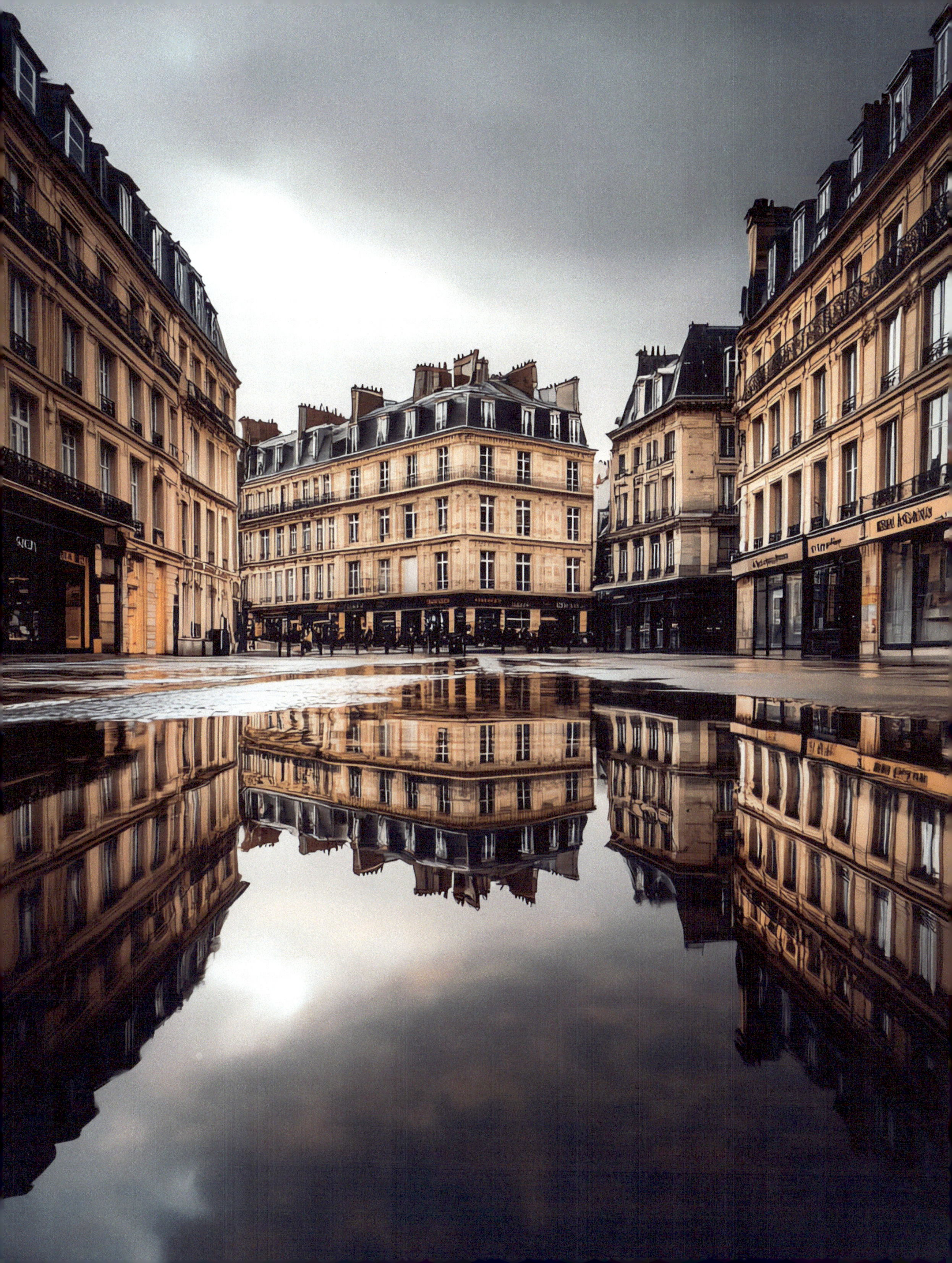

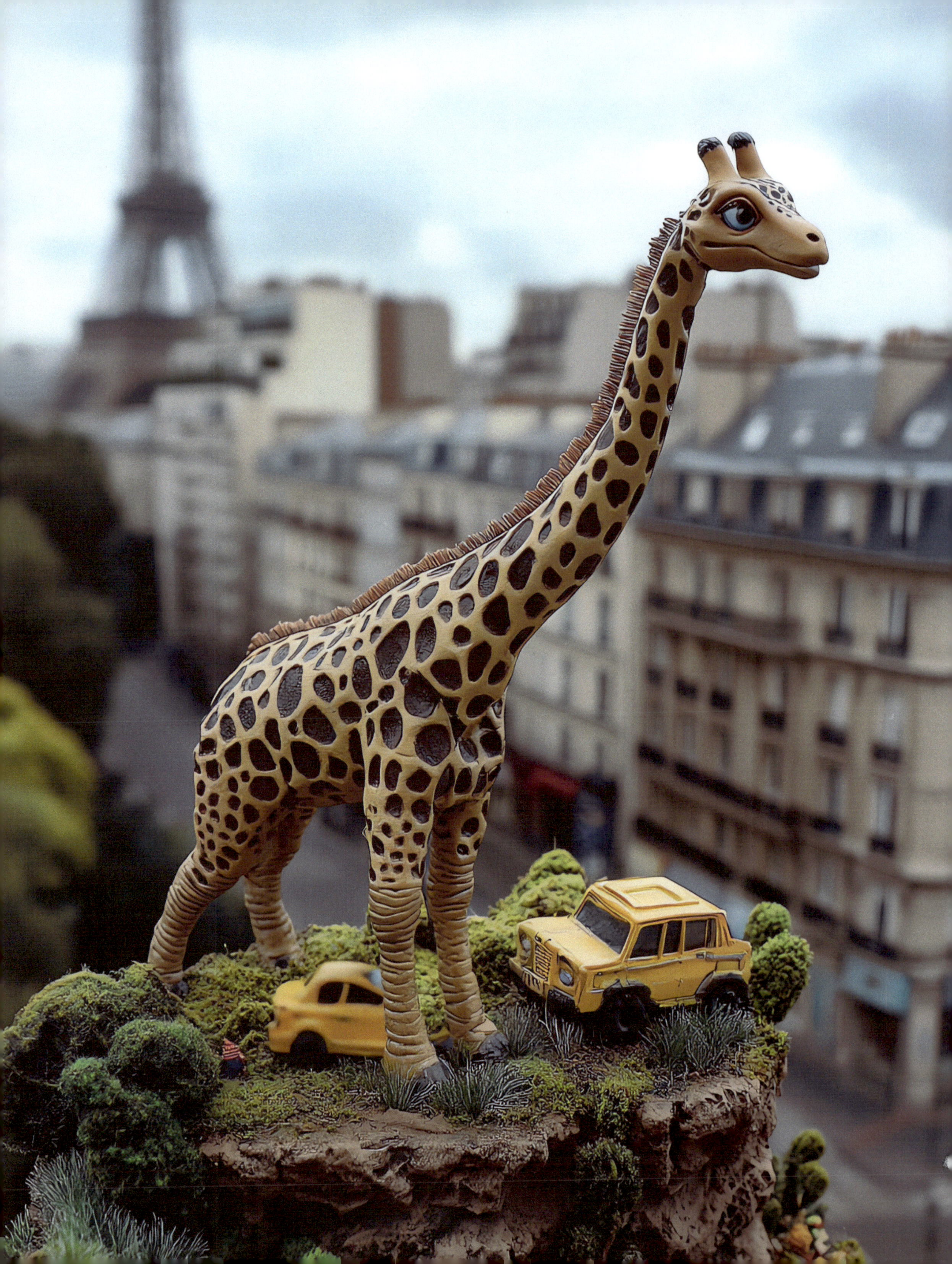

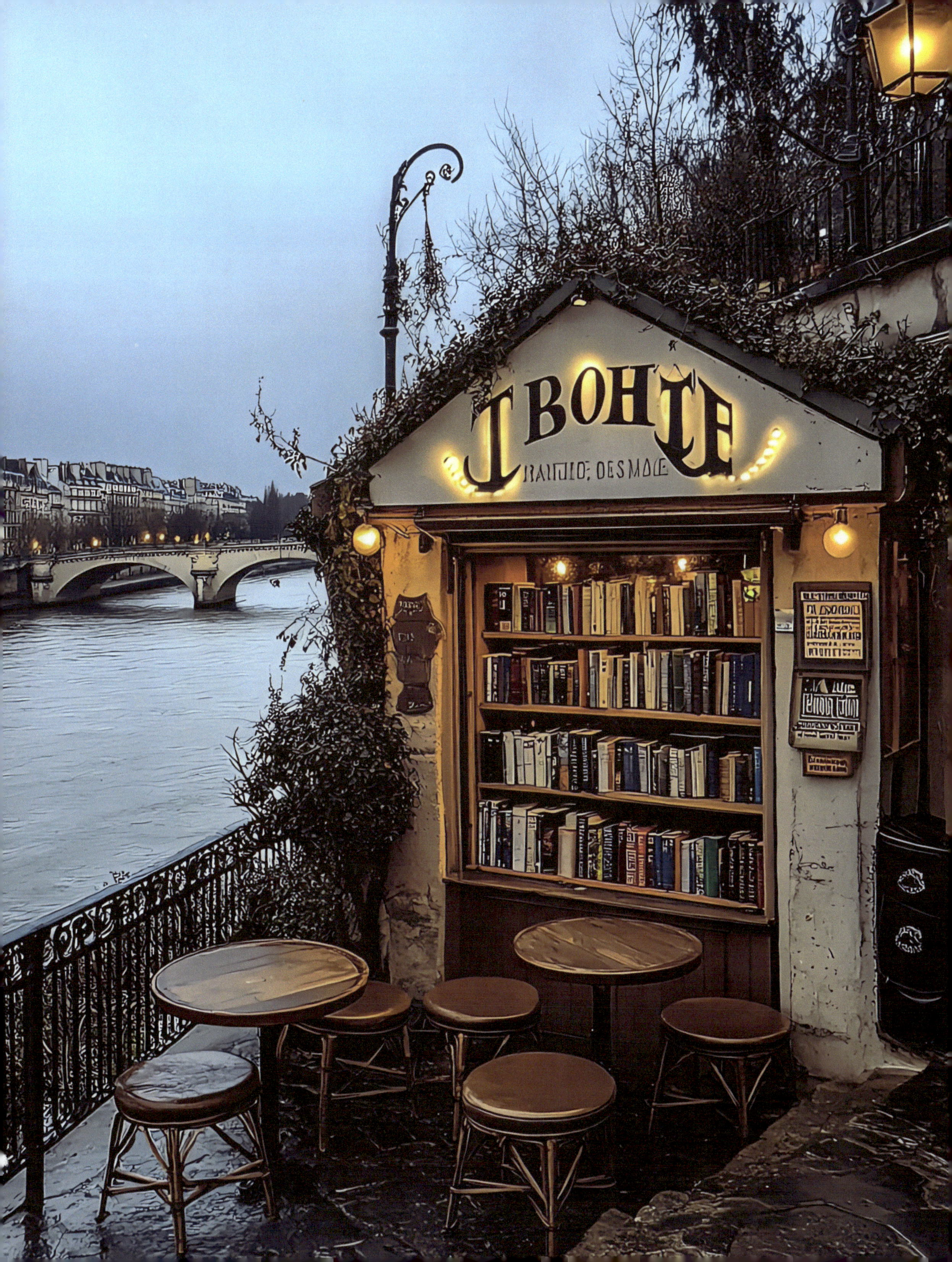

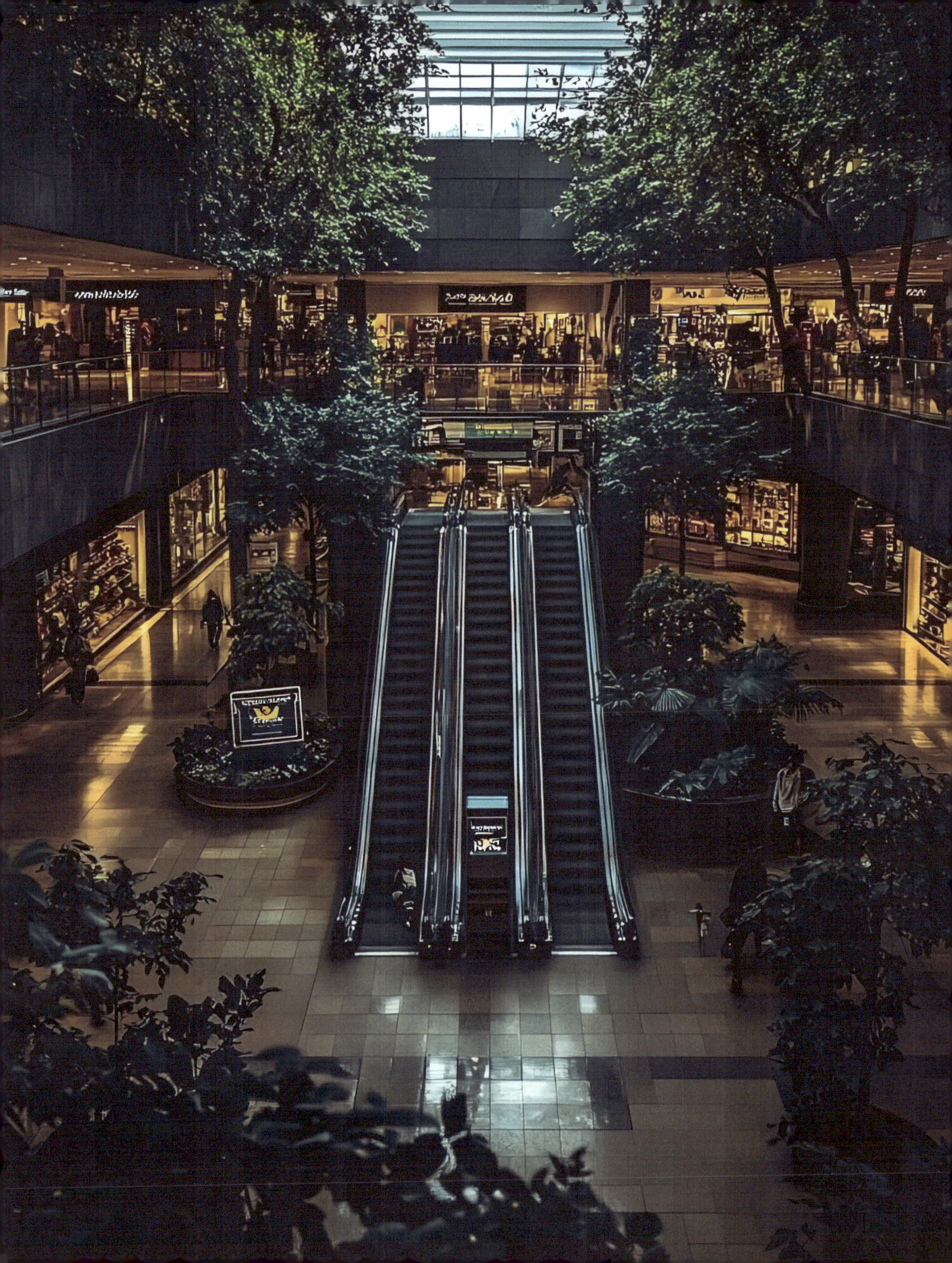

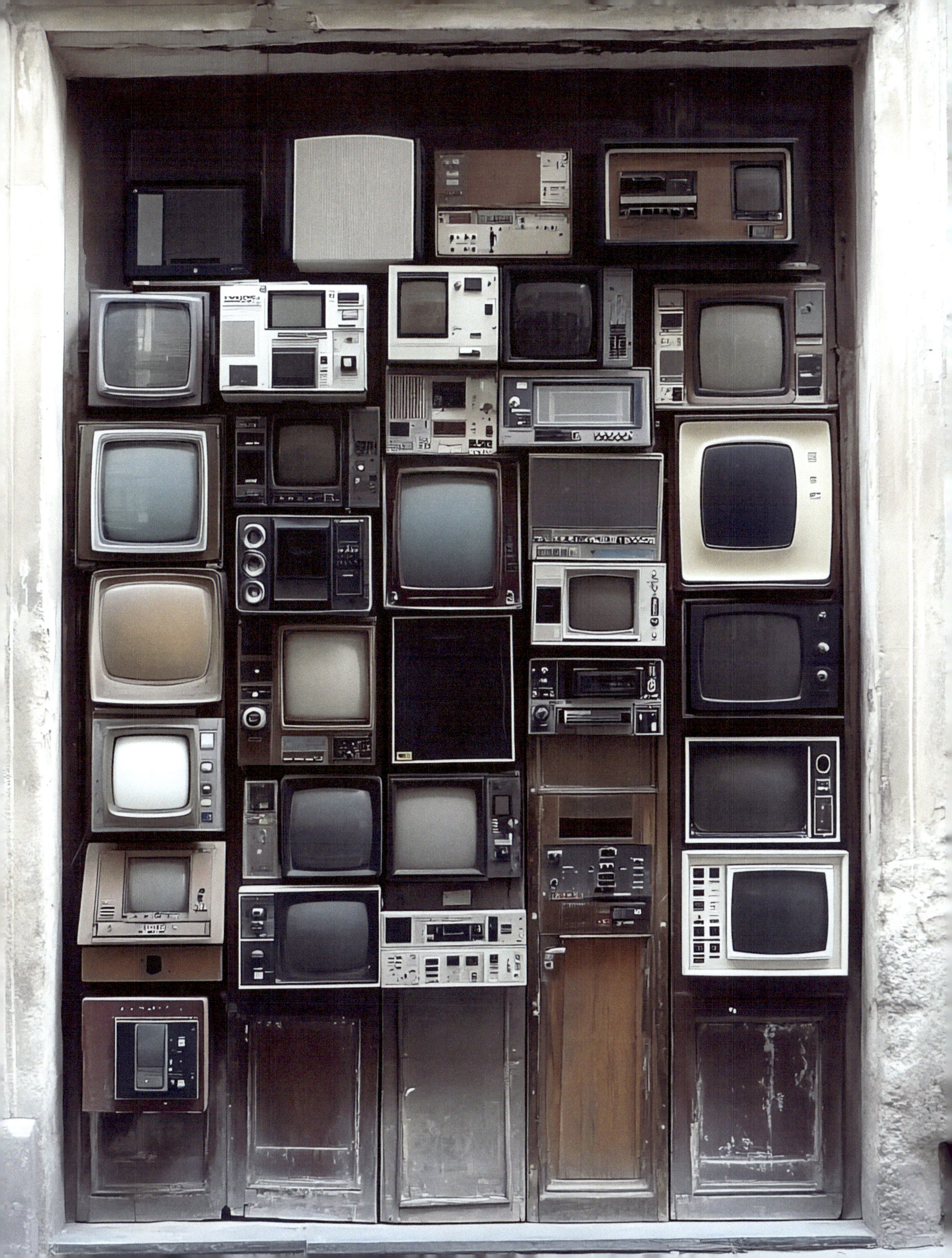

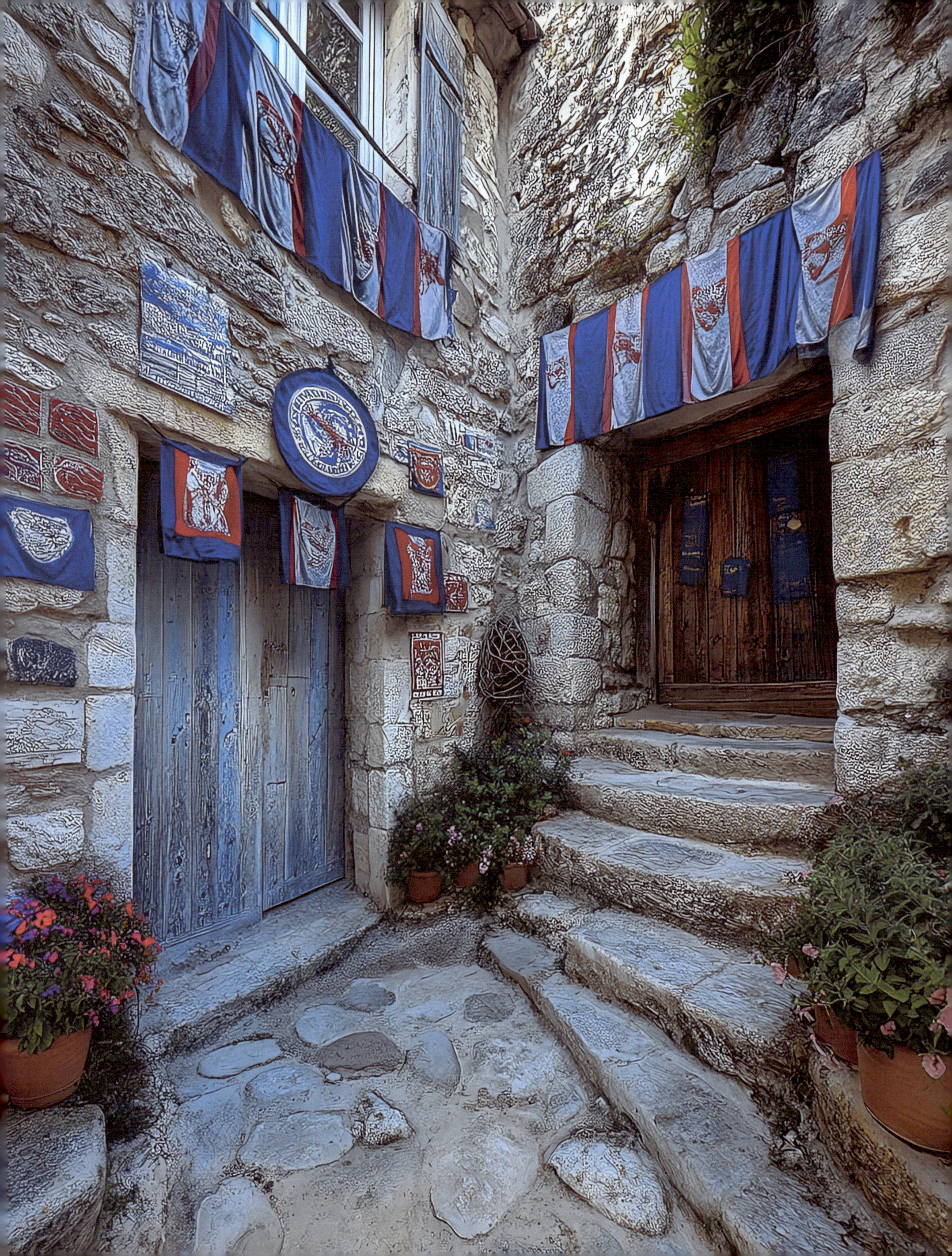

www.ingramcontent.com/pod-product-compliance
Lightning Source LLC
Chambersburg PA
CBHW040423220526
45473CB00004B/1331
* 9 7 9 8 3 0 1 3 2 6 8 4 4 *